Diogenes Taschenbuch 21165

detebe

Alfred Andersch

Hohe Breitengrade

oder Nachrichten von der Grenze

Ein Reisebericht mit 48 Farbtafeln nach Aufnahmen von Gisela Andersch

Diogenes

Die Erstausgabe erschien 1969
im Diogenes Verlag
Umschlagfoto von
Gisela Andersch

Veröffentlicht als Diogenes Taschenbuch, 1984

50/97/36/3
ISBN 3 257 21165 1

Du bist ins Magazin der Zeit gedrungen
und blickst auf Stapel unbenutzter Tage,
die sich die Erde vor Jahrtausenden
auf dies Eis legte.

Walter Benjamin, Nordische See

Inhalt

Der Eissturmvogel

I

Der Nachtflug von Oslo nach Tromsö ist um ein Drittel billiger als der Tagflug. Am 2. August wird er kein Nachtflug sein. Dachterrasse des Flughafens Fornebu um 20.45: dunkle Wälder, mit Villen gesprenkelt, in denen da und dort Lampen angezündet worden sind, eine Autostraße mit brennenden Flutlichtlampen, die nichts erleuchten, weil das Tageslicht noch hell genug ist, Wasserarme, eine zentrale Rollbahn, auf der eine Caravelle landet, die Positionslichter blinken rot und grün, im ganzen ist alles, was sich auf der Erde befindet, lichtlos, zwielichtig, das Wetter ist böig, mit Regenschauern, dann wieder hell, der Himmel wird rein wenn auch farblos, die westlichen Wolkenränder sind strahlend weiß oder rosengelb, vom Norefjell her nähert sich eine neue Regenfront. Drunten geht der Flugkapitän über den betonierten Platz auf eine Convair zu, die Maschine nach Tromsö. Eine Convair ist ein kleines Flugzeug mit zwei Düsenaggregaten. Die Caravelle, die von der Piste hereinrollt, wirkt riesig neben ihr. Der Flugkapitän hat einen fünfstündigen Flug vor sich, mit Zwischenlandungen in Trondheim und Bodö. Er ist zehn oder zwölf Jahre lang dazu ausgebildet worden, ein Flugzeug zu starten, in der Luft zu halten und zu landen. Das Armaturenbrett und das Drähteschema eines Flugzeugs. Die Navigation in niedrigen und hohen Höhen. Das rationale Kommunikationsnetz, in dem es sich durch einen irrationalen Raum bewegt. Seine Sprache: ein konkretes Zeichensystem aus Ziffern und linguistischen

Kürzeln. Der Flugkapitän ist die absolute Figur des technischen Spezialisten. Ich flöge ungern mit einem, der außerdem engagiert wäre: politisch, künstlerisch, geschäftlich. Jedoch müßte er human sein, beinahe so etwas wie ein Humanist. Ich mag das Wort *Engagement* nicht mehr, während das Wort *Humanität* für mich nichts von seinem Wert verloren hat. Dieser Pilot wird es Åsa erlauben, sich eine Viertelstunde in die Bordkanzel zu setzen, während des Flugs entlang der Westküste, und, auf irgendein Haus tief unten zeigend, wird er zu ihr sagen: »Da hat Knut Hamsun gelebt.« Zunächst aber gibt es nur die üblichen Seen und Wälder, die langgestreckten Siedlungen, danach eine geschlossene Wolkendecke. Schade, ich hätte gerne das Hummelfjell einmal von oben gesehen statt wie seinerzeit vom Zelt an der seidengrauen Glomma aus, das sanfte, schwere Hummelfjell. Über den Wolken scheint die Abendsonne. Die Unterseite der Wolken bildet das düstere Wetter über dem Trondheimfjord, in das die Convair hinabtauchen muß, die Gebirge an den Ufern sind schieferblau, der Fjord selber ist fast schwarz. Hier ist beinahe Nacht, wahrscheinlich haben sie es in Trondheim Anfang August schon eine oder zwei Stunden lang richtig dunkel, die weiße Baracke am Flugfeld phosphoresziert. Ich kenne die Straße von hier in die Stadt, man fährt über eine Stunde, immer am Fjord entlang, ehe man nach Trondheim kommt, ich würde gerne die Stadt aus Holz wiedersehen, zuletzt habe ich sie an einem Oktobertag vom Gråkallen-Berg aus gesehen, damals war der Fjord blau, und das Sylarna-Gebirge verlor sich über den roten Beerenblättern des Herbstes in der Nähe blau und schneeweiß in die Ferne. Nein, eigentlich möchte ich jetzt doch nicht in Trondheim haltmachen; seit Monaten habe ich mir angewöhnt, von einem Punkt aus zu denken, dessen Position Trondheim zu einer Stadt im weichen, farbigen Süden macht, zu etwas wie Palermo oder Malaga.

Jetzt sich den Reizen Trondheims hinzugeben, hieße diesen Punkt verraten. Wieder die Wolkendecke, die strahlenden Kumulusgletscher, die dann in Ströme sich teilen, unter ihnen schweben einzelne graue Wolken, doch es stellt sich heraus, daß sie keine Wolken sind, sondern Inseln. Die Inseln bestehen aus einem Kern von Felsen und Grün und aus einem Ring von Stränden und Brandungsstreifen. Unter der Wasseroberfläche, die durchsichtig ist, setzen sie weitere Ringe an: Zuerst einen hellgrünen, dann einen dunkelblauen, dann einen lehmgelben. Der Ozean, der sie umgibt, ist schimmernd olivgrau. Es sind Tausende von Inseln, und die meisten von ihnen sind unbewohnt. Manche von ihnen sind nur Felsenschären, verstreute Granitscherben, doch gibt es auch bergige, höhere Inseln, mit Wolkenfahnen um die Gipfel. Drei Stunden lang wird jetzt die Convair über die Archipele West-Norwegens fliegen. Jenseits der Inselflur wölbt sich der Ozean unter einem klaren Himmel bis hin zu einer weißen Wolkenmauer, hinter der die Sonne stehengeblieben ist, ein Orangen-Licht, schleierig verhangen. Der angehaltene Sonnenuntergang erscheint den Passagieren des Flugzeugs am 64. Breitengrad, und noch am 69. wird er am gleichen Punkt im Nordwesten verweilen. Verdeckt, indirekt, leuchtet er den Himmel aus, das Meer, die Inseln und den großen Gletscher Svartisen, der über den Gebirgen des Polarkreises auf dem Festland liegt wie ein rötliches Tischtuch. Die Lofot-Inseln greifen in einem Bogen ins Meer hinaus; vor ihnen dreht die Maschine nach Bodö ein, sie nähert sich dem Meer, plötzlich sind die Wellen ganz nah unter ihr, kalt, glitzernd und nah, doch dort, wo das Fahrgestell sie schon beinahe streift, beginnt noch im gleichen Augenblick die Piste. Vom Flugfeld in Bodö aus sind einzeln stehende Berggruppen zu sehen, zu Trapezen versammelt. Die Stadt aus weißen neuen Häusern schläft in der Helligkeit; nur ein paar Jugendliche lungern am Flugplatz herum. Post wird verladen. In geringer Höhe über den Gipfeln der Lofoten: Schneeflecken neben Grau, Sümpfe, kleine Seen, niedriges Baumzeug, Moose. Hier müßte man angenehm gehen können. Noch einmal das Meer, die Inseln, der gelbrötliche Lampion am Horizont des maßlosen Raums, die im Süden zurückbleibende Nacht. Jetzt auch ein Mond, beim Rückblick in blau Vergehendes.

2

Traum-Flug. Die Passagiere sind noch nicht recht aus ihm erwacht, wenn sie grau im Grauen stehen, fröstelnd um zwei Uhr auf einem Flugfeld. Aber es gibt einen Omnibus, und so lassen sie sich in die Stadt hinabfahren, an stummen Holzhäusern und Autos vorbei, in leere Kulissen, zwischen denen die Stunde herrscht, in der die Menschen sterben. Im Grand Hotel steht ein Portier, der flüstert, ihnen flüsternd die Zimmerschlüssel reicht, und dort sehen sie auch noch einmal den Flugkapitän, den Traum-Piloten; abwesend blickt er über sie hinweg. Auf Zehenspitzen gehen sie in ihre Zimmer, aber sie werden schlecht schlafen, sie sind schon eingetreten in die Zone des Halbschlafs, das Reich der Nachtlosigkeit, auch wenn der Morgen in Tromsö versucht, ein Morgen zu sein, mit Milchwagengeklapper und Schülerrufen. Mag ich Tromsö? Ich mag kein Tourist in Tromsö sein. Ich möchte dort ein Reeder sein oder ein Pelzhändler, ein Bootsführer oder ein Schiffbauer, ein Fischer oder ein Postbote. Oder ich möchte dort einen schwarzen Winter lang in einem Holzhaus an einem Tisch sitzen. Es ist ein Platz für eine Philosophie. Tromsö besteht aus Holz und aus Odd Bergs Reederei am Amundsenplatz, dunkelrot gestrichen, mit hellen Pfeilern, aus einem Postamt in Creme und Resedagrün, aus Johan Hagerups Schiffsproviantmagazin, aus dem Kupfer- und Eisenlager der Brüder Mortensen, Bangsunds Holzhandel und Figenschouns Pelzgeschäft sowie aus einem Kino mit der schönsten Jugendstilfassade Europas. In den Seitenstraßen stehen Birkenalleen, die zu weißen hölzernen Kirchen führen, aber wir gehen natürlich zum Hafen hinab, zur Wasserfront am Sund. Gegenüber steht ein hoher Berg. Die Speicher sind nicht so eindrucksvoll geschlossen und mächtig wie die in Trondheim, aber es sind doch sehr schöne unter ihnen, braune und rostrote, vor denen silberne Fischfluten ausgeschüttet werden. Viele Schiffe haben am Kai festgemacht, Frachtdampfer und Torpedoboote, Heringslogger, Fischkutter und Krabbenpötte. Hinter den Speichern befindet sich eine dichte Sammlung alter, verfallender Holzhäuser; man wird sie abbrechen, die meisten von ihnen sind schon nicht mehr bewohnt, aber man stößt noch da und dort auf eine verlorene Werkstatt für Schlittenkufen oder Schilder, einen Laden für Seile und Tauzeug, ein Lager für Fässer oder Boote. Åsa hatte es ein kleines blaues Haus angetan, vor dem Schierlingsstauden wuchsen, riesige weiße Schirme, die dem kleinen blauen Haus bis zur Dachtraufe reichten, aber am nächsten Tag war es verschwunden. Einfach verschwunden. Wo das kleine blaue Haus und die riesigen Schierlinge gestanden hatten, war ein leerer Fleck. Über den Tromsöy-Sund ist eine Brücke gespannt, so hoch, daß die Schiffe unter ihr hindurchfahren können, die Schiffe, die nach Vardö fahren oder sogar bis Archangelsk. Sie fahren unter der Brücke durch, über die hinweg die Straße nach Lappland läuft, denn dafür hat man die Stadt Tromsö gebaut: für das Weiße Meer und die Onega-Bucht, für die Finnmark und den Porsanger-Fjord, für die Barents-See und Spitzbergen. Auch wir werden unter dieser Brücke hindurchfahren, aber jetzt sind wir erst einmal zum Mittagessen eingeladen, in eine weiße hölzerne Villa auf einem Hügel. Im Garten der Villa stehen Birken, und unter den Birken blühen heute, am 3. August, die ersten Tulpen. Auf den Rasen sind zwei alte norwegische Kanonen gestellt worden, ganz kleine Dinger aus Bronze oder rötlichem Eisen, die aussehen wie Bulldoggen. Im Haus befinden sich schöne alte Möbel, Gläser, Porzellane, Bücher und Miniaturen, ein Modell der ›Havella‹. Alles erinnert mich hier an Lord Dufferins Schilderung eines Herrensitzes am Altafjord (1856). *Landkarten, astronomische Instrumente, geologische Handstücke sowie die prächtigsten Angelruten in vollständiger Auswahl verrieten die Liebhabereien des gebildeten, geschäftsliebenden Gentleman, der es bewohnt.* Ja, hier sind wir in der Mitte des 19. Jahrhunderts! »Aber der Winter«, frage ich Herrn B., »ist sicher schwer zu ertragen?« »Nein«, antwortet er, »die Dunkelheit ist angenehm, wie sie uns einhüllt. Ich habe den Winter lieber als den Sommer. Der Sommer macht uns unruhig, der Winter ruhig.« Zum Nachtisch gibt es Multebeeren, die von der Besitzung unseres Gastgebers bei Segelnes stammen. Ein guter Multebeeren-Schlag ist auch in Norwegen eine Kostbarkeit, und sein Besitzer gibt die genaue Lage desselben niemals preis. Beim Kaffee Informationen über die ›Havella‹. Skipper Haakon Godtlibsen führt die ›Havella‹, seitdem Herr B. sie hat bauen lassen, 1952. Er verbringt jetzt den vierzehnten Sommer mit der ›Havella‹ in der Arktis. Er hat ein steifes Bein. »Wie Kapitän Ahab«, sage ich. »Kapitän Ahab hatte ein Holzbein«, erwidert Herr B.

3

Wir wollen zu Haakon Godtlibsen, Åsa und ich. Vorher haben wir Nachrichten gesammelt, in Oslo. Der Herr Direktor ist mit uns an den vielen Türen vorbeigegangen, auf denen Namen zu lesen waren, und darunter Wörter wie Hydrograph, Meteorologe, Botaniker, Geologe, Ingenieur, Topograph. Der Herr Direktor sah nicht wie ein Polarforscher aus, sondern wie ein blasser, überarbeiteter Wissenschaftler. Er führte uns in ein Zimmer, in dem auf Tischen die ältesten Nachrichten der Welt lagen. Wir durften sie in die Hand nehmen. Die auffälligste war ein Brocken Granits, in dem große gelbe Inseln schwammen. Ich habe vergessen, wie dieses Gelb geologisch heißt. Die Maler werden sofort wissen, wie es aussah, wenn ich sage: Kadmium dunkel. Ein stumpfes, trotzdem leuchtendes Gelb, das Gold objektiv sehr nahekommt, obwohl man nicht an Gold denkt, wenn man es sieht, sondern eher an gelbe Kreide, eine Deckfarbe. Die Palette dieses Steins kommt mir nachträglich wie die Mikrostruktur einer Großlandschaft am 80. Breitengrad vor: ein granitgraues Meer, in dem Eisschollen aus Quarz schwimmen; einzelne große Eisfelder werden von einer kalten Sonne gelb angestrichen. Ein anderer Stein war ein schwarzer Spiegel, der dort, wo das Licht auf ihn fiel, bläulich leuchtete, übrigens war er nichts weiter als ein Stück Steinkohle, und der Herr Direktor überging ihn denn auch und wies mich statt dessen auf einen versteinerten Baumstamm mit mindestens hundert Jahresringen hin, der noch nicht Kohle geworden war. Ein Ding, das aussah wie ein Stück von einem Totempfahl, erwies sich als Rückenwirbel eines Fischadlers aus dem Jura von Lågryggen. Doch dem Herrn Direktor kam es hauptsächlich auf die Leitfossilien an. Ein graues Gespinst, das eine helle Sandsteintafel überzog, war der Abdruck tertiärer Blätter von

Bäumen eines tropischen Regenwaldes; dort, wo sie gestanden hatten, herrscht jetzt Nacht und Eis. Die Lage der Pole hat sich verändert seitdem; vielleicht verändert sie sich wieder, vielleicht gräbt man eines Tages Manhattan unter einer Eiskappe aus, falls es dann noch Wesen gibt, die daran interessiert sind, irgend etwas auszugraben. Der Herr Direktor war offensichtlich sehr daran interessiert. Er ist ein Sammler. Er besitzt ein honigfarbenes Steinkonglomerat aus der Kreide des Schönrockfjells, in dem sich eine ganze Fossilkonzentration niedergelassen hat: Muscheln, Schnecken und zierliche Ammonshörner. Ich weiß nicht, welchem Stück seiner Sammlung ich den Preis des höchsten ästhetischen Wohlgefallens erteilen soll: einem Jura-Ammoniten mit einer Zeichnung aus Spiral-Linien, noch im Stein von Perlmuttglanz, einem Seestern aus Sandstein vom Zillerberg oder dem Trias-Fisch vom Kap Thordsen. Der Fisch ist vollkommen erhalten; dunkelschuppig, fast schwarz, schwimmt er noch immer durch ein blaugraues Meer. Ein schöneres Petrefakt sei auf Spitzbergen nie gefunden worden, sagte der Herr Direktor, und das wolle etwas heißen, in diesem Paläontologen-Paradies. Der Fisch schien ihm nicht nur wissenschaftlich etwas zu bedeuten, denn er gebrauchte das Wort ›schön‹. Immerhin war der Fisch noch eine Abbildung, realistische Kunst, wenn auch schon hoch stilisiert, während das steinerne Negativ des Seesterns etwas ganz anderes war: nur noch ein Zeichen, ein kosmisches Signal.

4

Wir suchten einen Baedeker von Spitzbergen, aber es gab keinen. Weil wir uns darüber beklagten, führte uns der Herr Direktor in den Oberstock des Norwegischen Polar-Instituts.

Dort haust, wie Alberich auf seinem Schatz, Sören Richter inmitten einer tausendbändigen Sammlung von Büchern über die norwegische Arktis; Sören Richter, Zigarren rauchend, drei Zentner schwer und leidend, einer der letzten Überlebenden des Heldenzeitalters der Forschung, Begleiter von Nansen und Amundsen, vielfacher Überwinterer und, mit Riiser Larsen und Thor Heyerdahl zusammen, Verfasser der *Great Norwegian Expeditions*. Geistesabwesend betrachtete er uns über seine Brille hinweg, seine blauen Augen tränten, und dann schob er sich mühsam hoch, verschwand in den Tiefen seiner Regale, tauchte wieder auf und schleppte Gerard de Veers *Diarium nauticum* an, sie besitzen natürlich in Oslo sowohl die holländische Originalausgabe von 1598 wie die französische von 1609 der *Vera descriptio trium navigationum admirandum,* und so konnte uns Sören Richter zeigen, wie William Barents 1596 Spitzbergen entdeckt hat, in fast noch gotischen Holzschnitten ist es dargestellt – haben sie nicht schnell gearbeitet, die Journalisten des 16. Jahrhunderts? Hölzern steht Barents auf Klovningen und betrachtet das Nordwestkap, später liegt er, in Decken gewickelt und an Skorbut sterbend, auf dem Eis von Nowaja Semlja. Danach gab es die große niederlandische Walschlacht zu sehen, das Walschlachten, die Ausrottung der Pottwale und Narwale, der Blauwale und Biskayerwale, nur ein paar Weißwale sind übriggeblieben, sind den baskischen Harpunen entgangen, nicht in die Trankochereien auf der Amsterdam-Insel gewandert, aber in den Kupferstichen von Zorgdragers *Groenlandsche Visscherij* von 1727, der Inkunabel des Walfangs, ist die Tiertragödie zu einem graphischen Kleinod geronnen. Wir gerieten ins Wühlen, ergötzten uns an den Lithographien der Herren Mayer, Lauvergne und Giraud, welche im Jahre 1840 die Lustpartie der Corvette ›La Recherche‹ zur Magdalenenbucht begleitet haben, *par ordre du gouvernement,* sie sind an

Land gegangen, die französischen Damen und Herren, sie zeichnen, sie lassen zierliche Wetterballone steigen, sie begeben sich auf die Entenjagd, aber sie frieren sichtlich, ein leises Frösteln breitet sich über die Blätter aus, der *Atlas historique et pittoresque* ist auch ein Atlas des Unheimlichen. Schließlich die ersten Fotos, die Rückkehr der ›Fram‹ aus der dreijährigen Eisdrift, aufgenommen 1896 von Hofphotograph Wilhelm Dreessen, Flensburg. Sören Richter erzählte nicht von der ›Fram‹, mit der er gefahren ist; aus irgendeinem Grunde erzählte er, wie er mit einer Handvoll norwegischer Soldaten den letzten Krieg auf Jan Mayen verbracht hat. Wir hörten ihm zu, neidisch und bewundernd. Er hat mehrere Jahre in der Sturmhölle des Eismeers gelebt! Er ist einer der wenigen Menschen, die den Vulkan Beerenberg gesehen haben!

5

Das offene Meer, die Barents-See, stahlgrau um Mitternacht, als breiter Strich zwischen den Inseln Fuglöya und Vanna. Düsteres Wetter, Regenböen. Noch an den Säumen der äußersten Inseln bleiche Häuser für die Fischer am Rande dieses Abgrunds. Siebzig Grad fünfzehn Strich nördlicher Breite. Nur an den Mündungen der sibirischen Ströme ist dieser Breitengrad noch bewohnt. Ich meine: bleibend, und seit Menschengedenken. Noch weiter nördlich bleibt niemand, muß jeder zurückkehren, sich ablösen lassen, sein Haus wieder aufgeben, sein Feuer löschen. Hier bleiben sie, in bleichen Häusern, unter Tundrabergen, an Felsenufern. Über das Wohnen in extremen Lagen. Die Arbeiter des Meeres, Besitzer von Produktionsmitteln, in Einsamkeit lebend. Andererseits abhängig von den Fischkonservenfabriken, von einem planetarischen

Verteilersystem, mit Fernsehgeräten versehen. Die Fabriken, die Märkte, die Maschinen könnten verschwinden – sie aber würden bleiben. Fuglöya-Feuer blinkt auf, verlischt, blinkt wieder auf. An ihm vorbei läuft die ›Lyngen‹ in die schwere Dünung hinein. Dies ist ihr letzter Sommer; danach wird sie außer Dienst gestellt. Seit Jahrzehnten fährt die ›Lyngen‹ jeden Sommer achtmal von Tromsö nach Spitzbergen, von Anfang Juni bis Ende August. Sie ist uralt, das letzte norwegische Schiff mit Kohlenfeuerung. Am Abend, als wir durch das stille Wasser der Sunde fuhren, waren wir alle im Speisesaal versammelt: ein paar skandinavische Geologiestudenten, ein Professor aus Trondheim, Verfasser der maßgebenden Flora Spitzbergens, ein Herr aus Lausanne mit sehr eleganter Gattin, ein pariser Reklamegraphiker mit Menjou-Bärtchen, der sich in die Tracht der Lappländer gehüllt hatte, zwei Mitarbeiter der Satelliten-Beobachtungsstation in Ny-Aalesund, der eine von ihnen las sogar beim Essen James Bond, zwei blonde Alpinistenbrüder aus Stuttgart, eine holländische Filmcrew, verschiedene junge Franzosen, die sich mit ihren Bärten und den wattierten Jacken wie arktische Beatniks ausnahmen. Aber jetzt ist da diese See, hart, unter Windstärke 6 eisengrau und hart. Morgen wird der Speisesaal leer sein. Wir kriechen in unsere Kojen. Der Kapitän der ›Lyngen‹ heißt Olaf Jensen, und seine Offiziere heißen Gudmund Storelv, Roald Arnesen, Sverre Olsen und Marten Martinsen. Wir fühlen alle, daß wir mit Männern, die solche Namen tragen, nichts zu befürchten haben.

6

Diese Ausfahrt geschah am Abend des 5. August. Am 7. August, um zwei Uhr morgens, ankert die ›Lyngen‹ an der Bären-

Insel, genauer gesagt an ihrem Südkap. Den Passagieren der drei oder vier Schiffe, die jeden Sommer zur Bären-Insel kommen, wird immer das Südkap gezeigt, weil es als fünfhundert Meter hoher Felsen aus dem Meer steigt. Es sieht aus, wie eben ein fünfhundert Meter hoher Felsberg aussieht, der unmittelbar aus der See ragt. Da sein Gipfel in einer Wolke steckt, wirkt er noch höher. Wegen dieser Wolke, und weil er dunkler ist als das Meer, bildet er die perfekte Metapher für eine Sage. Außerdem umfliegen ihn tausend Vögel, denn er ist ein Vogelberg. Ich möchte ihn so sehen: als Felsen, als Vogelberg, als nördliche Sage. Aber ich höre die Foto-Apparate klicken, die Filmkameras surren. Åsa klappt ihre Kamera entmutigt und entschlossen zu. Das Südkap der sagenhaften Bären-Insel ist ein *Motiv*. Es ist eine Ansichtspostkarte, wie Capri oder der Buckingham-Palast. Die Reisen der weißen Rasse, von der stolzen Kavalierstour des 17. Jahrhunderts bis zum Massentourismus des unseren, haben die Welt zu einer Folge von Bildausschnitten gemacht. Ein Guckkasten. Sehenswürdigkeiten. Die besten Photographen, die besten Filmleute arbeiten jetzt daran, diesen Guckkasten zu zerstören, indem sie die Welt zwischen den Sehenswürdigkeiten aufnehmen, die ganze Welt, den Zusammenhang der Dinge. Die Häuser von Gelsenkirchen und Sheffield. Zwanzig Quadratmeter Tundra. Details des Unscheinbarsten, Totalen auf Ödestes. Sich verlassen darauf, daß die großen Form-Kristallisationen darin erscheinen: die Bewegungen, das Licht, die Umrisse, die Farben, sogar die Geräusche. Die Phänomene. Das Seiende. Die Gesamtheit dessen, was ans Licht gebracht werden kann: τὰ ὄντα. Neben den Steilwänden steht ein einzelner, zum Segel geformter Felspfeiler im Meer. Nach Osten verläuft das Kap flach, daneben am Horizont zwei kleine Walfänger. Wie die Landzungen der Bären-Insel sich nach Norden hin staffeln, als relativ niedrige Steilwände ins

Meer abfallend, wie durchleuchtet, und zwar immer heller, je weiter entfernt! Auf der Weiterfahrt lese ich in Nansens Darstellung des geologischen Baus der Bären-Insel, daß in einer Zeit des späteren Devon, als das Land über dem Meeresspiegel lag, hier große üppige Wälder vorweltlicher Bäume wuchsen. Nansens beschreibende Prosa läßt mich die schwere See vergessen. Zeiten und Räume, im Rauchsalon der ›Lyngen‹. *Nach manchem Wechsel von Land und Meer haben das Land und der Meeresgrund im ganzen Bereich der Barents-See einmal – vielleicht im späteren Teil der Tertiärperiode – etwa vierhundert oder fünfhundert Meter höher als jetzt gelegen. Es kann sein, daß zur selben Zeit die unterseeischen Rücken zwischen Schottland, den Färöern, Island und Grönland um soviel höher im Vergleich zum Meer lagen, daß sie auf ihre Satteltiefen von ungefähr fünfhundert Metern abgetragen wurden. Zu dieser Zeit war der ganze Grund der Barents-See trockenes Land, und durch das fließende Wasser und die Flüsse wurden große, weite Täler in dieses ausgedehnte Flachland gegraben. Ein Fluß grub ein tiefes Tal zwischen der Bären-Insel und Spitzbergen. Aber besonders mächtig muß der Fluß gewesen sein, der sich durch das obenerwähnte große Tal südlich der Bären-Insel in das Meer jener Zeit ergoß. Dieser Fluß muß sein Niederschlagsgebiet über die ganze Barents-See im Norden bis nahe an Ostspitzbergen und Franz-Joseph-Land, im Osten bis zu den Bergrücken von Nowaja Semlja und im Süden über das Weiße Meer und einen größeren Teil von Nordrußland erstreckt haben. Aus diesem ganzen Umkreis hat er Zuflüsse durch das weitverzweigte Talsystem empfangen, das wir mit unseren Lotungen auf dem Grund der Barents-See verfolgen können.* Ich blicke auf. Ich wollte, ich wäre bei Nansen auf der ›Veslemöy‹, 1912, senkte mit ihm zusammen das Lot hinab. Draußen sind keine Flußtäler und Baum-Ebenen mehr, nur der Ozean. Aber nein, da ist noch etwas anderes! Es ist weiß, sieht aus wie ein schwimmender Vogel, hat einen weißen, gebogenen Hals. Es ist kein Vogel, es ist das erste Stück arktischen Eises, das an der ›Lyngen‹ vorbeitreibt, nach Süden.

7

Ich erinnere mich nicht mehr genau, wo zum erstenmal der Eissturmvogel auftauchte, aber sicherlich geschah es hier, vor der Wolken- und Nebelwand, welche die Küste verbarg, daß er auf einmal auf das Schiff strich. Auf dem Meer war es schön, nicht gerade sonnig, aber doch helles Wetter, das Schiff hielt Abstand von der Küste, vor der Eisfelder lagen, Eisfelder und darüber Nebelbänke und noch höher Perlmuttgewölk, als der erste Eissturmvogel flach über einem flachen Wellental heranglitt, in der gleichen sanften Kurve, welche die Woge nach oben beschrieb, sich hob, um sich wieder in die Mulde der nächsten – oder war es die gleiche? – sinken zu lassen. Der Vogel, der niemals ruht, der immer fliegt, wenn der Wind weht. Er kennt keinen Flügelschlag, er gleitet, er segelt, er kurvt, dicht über den Wellen, ein halsloser Keil, rauchgrau, die Flügel mit hellen Flecken am Grunde der nach hinten geklappten Handschwingen. Er gehört nicht zu den Möwen, ist älter, eine archaische, ozeanische Form. Der Albatros ist mit ihm verwandt, der riesige Rätselvogel des Südmeers, der gleich ihm, wenn er genistet hat, auf Tristan da Cunha oder den Crozet-Inseln, sich erhebt, um einen Herbst, einen Winter lang zu fliegen, nichts als zu fliegen. Wie den Eissturmvogel nur die Windstille lähmt, so vermag der Albatros nicht die tropischen Kalmen zu überwinden, sonst würde der Riesensegler des Meeres leicht aus dem Südatlantik in den Nordatlantik gelangen; seine Flüge würden dann den Erdball umspannen. Rissen die Flüge des *Fulmarus glacialis* schließlich den Nebelvorhang auf, so daß in einer Entfernung von möglicherweise zehn Seemeilen der Torell-Gletscher erscheinen konnte, ein Bühnenbild aus leuchtenden Schneefeldern, von ziehenden Wolken eingerahmt? Ich weiß es nicht, weiß nur, daß solche Küstenansichten aus Eis oder auch schwarzen Bergspitzen in großer Ferne und in einem materielosen Licht sich öffneten und wieder verschwanden, von Treibeisebenen unterströmt und von den Flügen des schweigenden Vogels unterstrichen wie von Gesten der Ewigkeit.

8

Am 8. August, einem Sonntag, ankert die ›Lyngen‹ vor Kap Linné, dem Südpfeiler des Eingangs zum Eisfjord, um Post für die meteorologische Station auszuladen. Das flache Kap mit einem großen Haus und Sendemasten. Am Sandufer sind kleine schwarze Figuren an Booten beschäftigt. Hier lassen sich die skandinavischen Geologiestudenten absetzen; sie wollen einige Zeit in Zelten am Fuß des Griegfjellets leben und Versteinerungen sammeln. Sie stapfen über einen Höhenrücken davon, warten nicht, bis die ›Lyngen‹ abfährt, um zu winken. Sie wollen das Schiff, die Zivilisation, so schnell wie möglich los sein. Die ›Lyngen‹ biegt in den Grönfjord ein, beschreibt einen Bogen, um uns Barentsburg zu zeigen. Sie darf nicht anlegen, denn Barentsburg gehört den Russen. Große Holzkasernen, mehrstöckig, eine davon sieht genauso aus, wie man sich den Palast eines Gouverneurs des Zaren in Werchojansk oder Anadyr vorstellt. Kohlenkais. Ein Speicher mit einem riesigen politischen Plakat, davor, am Pier, ein paar blaugekleidete Männer und ein Mädchen in Hosen und Stiefeln. Geruch nach schwelender Kohle. Im Norden, auf der anderen Seite des Eisfjords, die flachen Gletscherströme, der Kjerulfgletscher, der Esmarkgletscher, der Nansengletscher, der Boregletscher, hingebreitete weiße Schleier, Grumantbyen, auch eine russische Kohlenstadt, ist gänzlich leblos, ausgestorben. Gegen Mittag Longyearbyen. Blaue Esso-Fässer, dahinter die Masten eines Fischkutters. Am Strand Industrieschutt, Rost, Eisen, Schmutz, Baracken, Lastautos. Kein Mensch. Droben das Hochtal, Longyearbyen erweist sich als eine weit im Tal verstreute Siedlung, im Hintergrund zwei Gletscherzungen, an den steilen Geröllhängen rechts und links die Mineneingänge, einer davon zerstört, darunter die weißen Kreuze der Gräber für die verunglückten Bergleute. Eine Förderbahn an Holzmasten, gedeckte hölzerne Wasserrinnen, die durch die Häuser hindurchführen. Das Haus des Sysselmanns, die Post, die Kirche. Graue Windstille. Kaum Leben. Gelegentlich ein Gesicht hinter einem Fenster, ein paar spielende Kinder, manchmal ein Landrover. Ein grell orangenfarbiger Omnibus mit zerschlissenen Sitzen. In einem Zwinger zwei Huskies, Schlittenhunde mit gefährlichen, finsteren Masken. Ny-Aalesund, am nächsten Tag, wirkt ein wenig freundlicher, vielleicht weil die Häuser dort kleiner sind und kupferrot gestrichen und weil man gerade eine Station der ESRO, der European Space Research Organization, zur Beobachtung der polaren Ionosphäre errichtet. Dort werden den Sommer über die Herren sitzen, die, wenn sie nicht gerade James Bond lesen, den Satelliten von Cape Kennedy oder Kiruna Befehle übermitteln. In Ny-Aalesund befindet sich auch die einzige Herberge Spitzbergens, das Nordpol-Hotel, ein gut eingerichtetes Holzhaus. Manchmal bleiben Passagiere der ›Lyngen‹ im Nordpol-Hotel, überspringen eine Fahrt, lassen sich erst auf der nächsten wieder mitnehmen. Aber die Passagiere und die Ionosphären-Forscher gehen durch einen leeren Ort, die kleinen roten Häuser sind leer, und ihre Fensterscheiben sind zerbrochen. Nur die Kälte konserviert sie. Man kann noch die Kleider ihrer Bewohner sehen. Sie hängen an Haken in den Waschkauen der Kohlenmine. Ihre Schuhe liegen umher. Der Eingang zum Schacht ist mit Brettern vernagelt, und man weiß, daß sie dort unten liegen, in den mit Eis gefüllten Gängen. Nach der dritten Schlagwetter-Katastrophe, im Jahre 1962, hat man die Grube endlich aufgegeben. Nur in Longyearbyen und Barentsburg gräbt man noch in arktischem Klima nach schlechter Kohle, die eigentlich niemand mehr braucht. Törichte Ausbeutung der Natur, die sich überlebt hat, Leben nur vortäuscht! Winzige, sinnlose Stellen von menschlichem Anflug. In Wirklichkeit herrscht auf Spitzbergen die Leere. Leer die Berge und die Gletscher, leer die Geröllhalden und die Kieselebenen, die Tundren und die Lagunenstrände, die Cañons des Inneren und die Deltas der wenigen Flüsse. Baumlos und leer gleiten die Linien und Flächen in die leere See. Ungeheure, doch leere Bilder aus Weiß, aus Grau, aus Dunkelrot, aus Moosfarben. Cafard an der Grube von Ny-Aalesund, die ein Grab ist. Wir wollen diese Siedlungen schnell hinter uns bringen. Wir haben sie schon hinter uns, weil wir den Mast sehen, an dem die ›Norge‹ hing. Weil wir uns auf einmal daran erinnern, daß wir ja in Ny-Aalesund sind, an dem Ort, von dem aus Amundsen, Ellsworth und Nobile über den Pol nach Alaska flogen und Byrd an den Pol und Amundsen und viele andere Männer in den Tod. Es ist der nördlichste Ort der Welt, er liegt höher im Norden als Thule. Wir finden auch ein Kind, zwischen den verlassenen roten Häusern steht ein Kind, es ruft ›heija‹, immer wieder ›heija‹, mit seiner dünnen Stimme in die blaue durchsichtige Luft dieses Abends, in der sein Ruf stehenbleibt wie das Licht einer Kerze in einer stillen Kammer.

9

Der Hochseekutter ›Havella‹ ist nicht plump, sondern klein und kräftig. Er ist 17.20 Meter lang, 5.20 Meter breit und verdrängt vierzig Tonnen. Sein Dieselmotor entwickelt 150 Pferdestärken. Die ›Havella‹ ist weiß gestrichen, mit einem breiten schwarzen Band unterhalb des Schanzkleides. Ihr vorderer oder Großmast ist 13 Meter hoch. An seiner Spitze befindet sich das Kennzeichen der Eismeerschiffe, der Mastkorb, *the crow's nest.* Wer dort hinauf will, muß schwindelfrei sein! Der hintere oder Besanmast ist 9.15 Meter hoch. Die Planken und Spanten der ›Havella‹ sind aus norwegischer Kiefer, ihr Kiel ist aus Eiche, mit Eisen ausgeschlagen, ein sogenannter Ballast-Kiel. An ihrem Bug trägt die ›Havella‹ einen stählernen Schild, der das Eis bricht. An Aufbauten besitzt sie nichts als das Ruderhaus. Darin befindet sich das Hand-Steuerrad, seemännisch Ruder genannt, der Kompaß und ein Log, das die Geschwindigkeit elektrisch mißt. Die ›Havella‹ verfügt über einen Kreiselkompaß. Neben dem Kompaß liegt das Radargerät für die Ortung von Gegenständen bei unsichtigem Wetter oder in Untiefen. Wenn man sich über den Radarschirm beugt, sieht man die Nadel grünlich über Schwarzem kreisen, darin Flecken aufleuchten, wenn das Schiff einem Felsen, einer Klippe, einem Ufer zu nahe kommt. An der Rückseite des Ruderhauses ist das Echolot angebracht, welches die Tiefen selbsttätig aufzeichnet, auf eine Art Lichtpauspapier mit einer bläulichen Linie, die schnell verblaßt. Es reflektiert Schallwellen vom Meeresboden, es verwandelt einen Klang aus der Tiefe in eine Zeichnung. Zum Instrumentarium der ›Havella‹ gehören ferner ein Peilgerät und ein elektrischer Fahrtenschreiber. Mit Hilfe eines Radiotelephons und eines Transmitters ist die ›Havella‹ ständig in Verbindung mit den meteorologischen Stationen Kap Linné,

Hopen Island und Tunheim Radio auf der Bären-Insel sowie mit allen Schiffen in den Gewässern von Spitzbergen. Immer hört man im Steuerhaus der ›Havella‹ fremde Stimmen, die bald vertraute Stimmen werden. Es ist der gemütlichste Raum auf dem Kutter, mit einer langen Bank an der Rückseite. Von dort aus steigt man ein paar steile Stufen hinab, an den Kajüten vorbei, in den Salon. Der Salon ist weiter nichts als eine Kajüte mit einem großen Tisch unter einer milden gelben Lampe. An den Wänden sind Schränke, in denen Bücher und Jahrgänge alter Zeitschriften stehen sowie unsere Flaschen. Auch ein altes Sofa ist da. Obwohl auch der Salon gemütlich ist, benützt man ihn nur zum Essen. Es ist ja immer hell, und man versäumt immer etwas, wenn man nicht droben ist auf Deck; so geht man lieber hinauf. Auch der blasse, magere, von schwärzlichen Längsfalten gegliederte Kopf des Koches Aage taucht manchmal aus einer Luke über der *pantry* auf, sein Körper schiebt sich nach, er geht mit einem langen Messer in der Hand zu einem Kasten, der sich auf Deck befindet, öffnet ihn, holt eine beinhart gefrorene Fleischkeule heraus und schneidet ein paar Koteletts ab; die ›Havella‹ braucht keinen Eisschrank. Dann gleitet er wieder hinab, der Lukendeckel schließt sich, der Koch Aage führt ein unterirdisches Leben. Der Steuermann Alf Ohlsen hat gerade Wache. Er ist jung, das Bemerkenswerteste an ihm ist sein Kinn. Er wirkt kühn. Er kann alles genauso gut wie der Skipper, aber vielleicht würde er manchmal doch noch einen Fehler machen, sich zu tief in einen Fjord hineinwagen, wenn das Eis draußen schon die Fjordmündung zumacht, oder die Bedeutung irgendeiner Nebelbank an irgendeiner Stelle des Nordostlandes nicht sofort erkennen – wer weiß? Möglich, daß er einmal etwas riskieren würde. Er verbringt eben erst den fünften oder sechsten Sommer im Eis, während der Skipper, wie schon berichtet, das vierzehnte Jahr mit der ›Havella‹

ausfährt. Der Skipper riskiert nichts, niemals. Er kommt jetzt aus seiner Koje, um den Steuermann abzulösen. Er ist noch ein bißchen verschlafen, wittert erst einmal ins Wetter hinaus. Ja, sein rechtes Bein ist steif, aber es ist nur ein steifes Bein, nichts weiter, bestimmt keine so kapitale Sache wie Kapitän Ahabs Holzbein. Haakon Godtlibsen ist schon über die Fünfzig hinaus, hat ein rundes, helles Gesicht unter blonden Haaren, blaue Augen und eine stumpfe Nase. Wahrscheinlich ist er nicht aus dem Holz, aus dem man die Nansens und Amundsens schnitzt. Eher schon würde Alf Ohlsen einen Johannsen abgeben, so einen, der mit einem neuen Nansen anderthalb Jahre lang vom 86. Breitengrad nach Franz-Joseph-Land übers Eis ginge. Aber man braucht heute keinen Johannsen mehr. Man braucht einen ruhigen, zuverlässigen Arbeiter des Meeres, wie Haakon Godtlibsen einer ist. Einen, der seine Instrumente bedient und zugleich die Elemente kennt. Das ist schon sehr viel. Man steigt dabei vom Arbeiter zum Meister des Meeres auf. Ja, genauso sieht Haakon Godtlibsen aus: wie ein Handwerksmeister des Eismeers. Außerdem sind noch zwei Matrosen da. Der eine ist der Maschinist, und man bekommt ihn selten zu sehen. Manchmal sitzt er im Steuerhaus, liest und zündet eine Zigarette an der anderen an. Er geht ungern ins Freie. Der andere ist ein alter Handelsschiffsmatrose, eine einfache Deckshand. Er spricht nie. Für ihn brauchte es die Sprache nicht zu geben. Wir stehen auf dem Pier von Ny-Aalesund und sehen zu, wie die ›Havella‹ sich von einem entfernten Kai löst, auf uns zu tuckert und sich neben die ›Lyngen‹ legt. Wie klein sie ist und wie kräftig! Auf dem Deck stehen vier Männer aus Wisconsin, die Eisbären gejagt haben. Mr. Shaffer erzählt uns, er habe den seinen nicht geschossen, weil er zu nahe ans Schiff herangekommen sei. Es war keine Jagd, sagt er. Da liegen die Packen verschnürter Bärenfelle. Sie werden auf die ›Lyngen‹ gebracht.

Ich erinnere mich daran, wie Ragnar Lundquists Gesicht sich aufhellte, als er hörte, daß wir nicht die Absicht hätten, auch nur einen einzigen Eisbären zu schießen. Ich brauchte ein paar Informationen von ihm; er ist der Kapitän des Forschungsschiffes, das dem Norwegischen Polar-Institut gehört. Nicht, daß er vorher unfreundlich gewesen wäre, es gibt keine unfreundlichen Norweger, nur eine gewisse Reserviertheit war zu spüren, deren Ursache nun also behoben war: wir sind keine Eisbärjäger. Die Leute im Norwegischen Polar-Institut werden sehr besorgt, wenn von Eisbären die Rede ist; sie weisen auf die Sowjetunion hin, welche die Tiere bereits gänzlich unter Naturschutz gestellt hat; sie wünschen sich ein internationales Abkommen, das den Abschuß von Eisbären radikal verbietet. Die Jäger schultern ihre Gewehre und verlassen die ›Havella‹. Sie stehen noch lange auf dem Pier und sehen zu, wie wir uns auf dem Schiff einrichten. Offensichtlich können sie sich nur schwer von ihm trennen. Habe ich mich getäuscht, oder habe ich wirklich Mr. Shaffers Augen einen Ausdruck von Neid annehmen sehen, als ich ihm erzählte, daß die ›Havella‹ bis zum Ende des Sommers uns gehört?

Die Reise zu den Sieben Inseln

I

Wenn man in dem Sund zwischen der Dänen-Insel und der Amsterdam-Insel vor Anker geht, so überblickt man die ganze Nordwestecke von Spitzbergen. Der Sund ist ein Teil des Smeerenburgfjordes, der sich nach Norden öffnet. Dort und nach Westen liegt das offene Meer, hell und graugrün; man weiß, daß es bewegt ist. Der Fjord hingegen ist unbewegt, dunkel, olivgrau. Das Schiff ruht; es schwoit ein wenig an seiner Ankerkette, zu Füßen des Bergs auf der Amsterdam-Insel. Nach Osten, auf der anderen Seite des Fjords, der hier ein bis zwei Seemeilen breit ist, die Gletscher- und Bergkette der Vasa-Halbinsel, nach Norden verlängert durch die Vogelsang-Insel, ein hoher Rücken, der in einem Kap ausläuft, zu dessen Füßen noch einmal eine winzige Insel liegt, das letzte Stück Fels vor dem Eismeer. Alle Berichte von Seefahrern schildern den Smeerenburgfjord und seine Sunde als einen Raum, der sogar dann noch still daliegt, wenn auf dem Meer, vor dem er doch gar nicht geschützt ist, Sturm herrscht. Nansen behauptet, eine kalte schwere Luftschicht, die von den Gletschern herabgleite, breite sich immer wie ein Schild über das Wasser zwischen den Bergen und Inseln, so daß der Sturm draußen sie nicht wegfegen könne. Die leichtere Luft des Sturms müsse darüber steigen. Vielleicht hat er recht. Jedenfalls steht ein grauer, kalter, windstiller Tag unter einer Wolkendecke über dem Beiboot der ›Havella‹, mit dem wir an den Strand der Amsterdam-Insel rudern; nur über den Gletschern und Gipfeln im Osten spielen Lichter, die sich manchmal zu

Strahlenbündeln verdichten. Eigentlich wollten wir im Virgo-Hafen der Dänen-Insel ankern, aber wir sahen schon vom Wasser aus, daß es keine Überreste von Andrées Ballonfahrt mehr gibt. Das flache Ufer vor der schwarzen Kuppe, unter der sein Ballon in einem Schuppen stand und wartete, zwei Sommer lang, bis er am 11. Juli 1897 endlich aufstieg und davonflog, ist vollständig leer. Vielleicht auch hatten wir plötzlich keine Lust mehr, hier an Land zu gehen, weil die Gegend uns ganz einfach nicht gefiel. *Was für einen öden, ungemütlichen Ort er (Andrée) sich für den Ausgangspunkt der Fahrt gewählt hatte!* schreibt Nansen. *Eine eingeschlossene, unwohnliche Bucht, ein Kessel mit steilen, nackten Felshängen ringsherum, schwere Steine am Strand zerstreut und ein grauer nackter Berg auf der Amsterdam-Insel gegenüber. Einen trübseligeren Ort hätte man im ganzen Land nicht finden können.* Etwas Melancholisches lag von Anfang an über Andrées Unternehmung, obwohl sie doch eine Ballonfahrt werden sollte, also etwas Leichtes, Luftiges. Salomon August Andrée war zunächst nichts weiter als ein begabter und ehrgeiziger Mensch, der an den Fortschritt glaubte. Hier, auf der Dänen-Insel, muß er geahnt haben, daß die Decke, die aus solchen Eigenschaften und diesem Glauben gewirkt war, zu dünn sein mochte für die Arktis. Er geriet ins Grübeln. Spätestens seit dem 14. August 1896 konnte er sich über die Natur der Eiswüsten, in die er sich mit seinem Ballon wagen wollte, nicht mehr täuschen. An diesem Tage nämlich lief die ›Fram‹ nach ihrer dreijährigen Eisdrift in den Virgo-Hafen ein, und Andrée war der erste, der das zur Sage gewordene Schiff wiedersah, der mit den Männern der ›Fram‹ zusammensaß und sich das Innere des Raumes schildern ließ, das außer ihnen noch niemand kannte. Am 20. August bricht er sein Vorhaben ab und kehrt zurück. Ob ihn die Nachricht von Nansens glücklicher Heimkehr bewogen hat, es noch einmal zu versuchen? Aber Nansen gehörte zum Geschlecht der sanften Riesen. Nansen hat niemals gegrübelt. Andrées Verhalten an dem Tag, da endlich ideales Flugwetter herrscht, ist merkwürdig. Er zögert. Er vertrödelt fast den ganzen Tag. Als Strindberg und Fraenkel, seine Begleiter, ihn schließlich drängen, ist er sehr nachdenklich und äußert sich nicht. Zu dem Kapitän der ›Virgo‹ sagt er: »Wir haben soeben beraten, ob wir fahren sollen oder nicht; meine Kameraden dringen auf Abfahrt, und da ich keine stichhaltigen Gegengründe habe, werde ich mich wohl fügen müssen, obwohl ich meiner Sache nicht ganz sicher bin.« Dann geschieht wieder etwas Sonderbares. Beim Aufstieg verliert der Ballon sofort seine Schleppseile, die ihn zu einem teilweise lenkbaren Ballon machen sollten, aber Andrée kehrt nun nicht um, sondern fliegt davon, obwohl er weiß, daß der Ballon von jetzt an völlig dem Spiel des Windes preisgegeben ist. Ich kann das alles so schreiben, gerade weil es feststeht, daß dieser Schwede ein mutiger und besonnener Mann war. Ja es steht sogar weiter fest, daß Andrée und seine Gefährten heimgekehrt wären, wenn die drei nicht auf Kvitöya, der östlichsten Insel des Spitzbergen-Archipels, wo sie allem Anschein nach recht erfolgreich überwinterten, das Fleisch eines von Trichinen befallenen Eisbären gegessen hätten. Was für ein absurder Zufall! Dennoch, ich werde das Gefühl nicht los, daß dieser Mann mit seinem gezwirbelten Bart aus dem 19. Jahrhundert etwas an sich hat, das traurig stimmt. Den Virgo-Hafen gibt es inzwischen gar nicht mehr. Vielleicht sucht manchmal noch ein Robbenfänger in ihm Schutz. Aber weil ich die zeitgenössischen Photographien kenne, sehe ich den Ballon dort drüben stehen, unter der schwarzen Kuppe, und etwas später schwebt er über dem Sund, klatscht aber gleich aufs Wasser, weil er zu schwer ist, die drei Männer werfen Ballast ab, und nun steigt er wieder, jetzt steht er über der Smeerenburg-Ebene und dann,

Der Berg Sofiekammen, 925 m, am Nordufer des Hornsund

Der Berg Hornsundtind, 1431 m, am Südufer des gleichnamigen Fjords

Oberfläche der Akselöya (Axel-Insel) zwischen Van Mijenfjord und Bellsund (Aufnahme in Richtung Süden)

Sandstein-Schichtung auf der Akselöya (Axel-Insel)

Berg Midterhuken, 782 m, über dem Maria-Sund und der Akselöya (Axel-Insel), am Ausgang des Van Mijenfjords

Kolfjellet, 715 m, am Nordwestufer des Van Mijenfjords

Kolfjellet, 715 m, am Nordwestufer des Van Mijenfjords

Magdalenenbucht. Die ›Havella‹ liegt vor dem Waggonway-Gletscher, dahinter die Bergkette der Losvikfjella

ganz klein, über der Vogelsang-Insel, und dann ist er fort. Wir sind recht froh, daß wir auf der Amsterdam-Insel an Land gehen, denn von ihrem Ufer aus können wir feststellen, wie schön die Dänen-Insel gegenüber ist. Sie ist wirklich etwas ganz Besonderes. Sie ist ein Bergland aus zwei Hochebenen, mit einem Hochtal zwischen ihnen. Wie die Struktur-Linien der Berge sich geschmeidig in dieses Hochtal legen und wieder aus ihm herausgleiten – das ist so vollendet wie ein Wellenzug. Zwischen ihnen, auf den Flächen, die sie begrenzen, liegen Schneefelder, schwarze Konturen und dann noch etwas anderes, eine Färbung aus hellem Sandgrau, von der wir nicht ausmachen können, ob sie eine Art Tundra ist oder die Farbe von Geröllhalden. Sie verleiht der Dänen-Insel die Aura einer kalten Steppe. Die Dänen-Insel hat lange in der Tiefsee der Kreidezeit gelegen; davon ist ihr alter Gneisgranit so wellig geglättet worden. Ich bilde mir sogar ein, der graugelbe Ton, der über ihr liegt, stamme aus jenem Meer, als eine Patina aus den Schalen unzähliger kleiner Lebewesen, aber das ist geologisch wohl unhaltbar. Wie lange ist das her? Schätzungsweise siebzig Millionen Jahre. Vor einer Sekunde also flog Andrées Ballon in den Norden. Und jetzt sind wir hier, finden diese aus dem Meer aufgestiegene Insel schön. Wir sind keine Geologen, keine Forscher, keine Seeleute. Vor dem Hintergrund von siebzig Millionen Jahren hat aber diese, unsere Sekunde, genausoviel oder genausowenig Bedeutung wie die Sekunde Andrées oder die Sekunde eines Fisches auf dem Grund des Kreidemeeres. Die Forscher haben die Dänen-Insel als Basis benutzt, die Seeleute als Hafen. Haben die Bewohner der Stadt Smeerenburg, die hier stand, wo wir jetzt umhergehen, sie so gerne angeschaut wie wir? Weder in Zorgdragers *Groenlandsche Visscherij* noch in Hulsius' *Schiffahrt* findet sich eine Abbildung der Dänen-Insel. Vielleicht hat der eine oder andere Holländer etwas empfunden, wenn er sie betrachtete. Die anderen? *Die Augen aller waren dem Meer zugewandt, wo die Wale sich tummelten,* so wird berichtet. *Einst befand sich hier eine sonderbare, rasch aufgeblühte Hafenstadt: Smeerenburg, die Stadt des Walfischspecks. Von felsiger Wildnis umgeben, drängten sich die Holzhäuser wie eine Schar ängstlicher, von zu Hause fortgerannter Kinder auf engem Raum zusammen. Der Hafen war mit verankerten Schiffen gesichert. Jeder Fußbreit Boden war überbaut: es gab zwanzig Trankochereien, geräumige Lagerhäuser, mehr als ein Dutzend riesiger Kupferkessel und Schmelzöfen, drei Kühlanlagen und große Holzbaracken mit Ziegeldächern als Unterkunft für die Arbeiter. Es gab natürlich auch Kneipen in Smeerenburg, wo stämmige Männer mit roten Gesichtern lange, helle Nächte hindurch Bier und Schnaps tranken; Läden mit heimatlichen Delikatessen, Bäckereien, deren Hornsignale die frischen, heißen Brötchen weithin ankündigten, und Häuser, wo abenteuersuchende ›vrouws‹ heimlich den Sommer verbrachten. Smeerenburg hatte auch eine Kirche und ein Fort. Sechs Sommerwochen lang war die Stadt von regem Leben und Treiben erfüllt, kreischten die Sägen, erdröhnte der dumpfe Schlag der Böttcherhämmer, hörte man gutturale holländische Stimmen scherzen, fluchen, kommandieren und singen, hörte man das endlose Trampeln von Füßen. Denn in diesen sechs Wochen transportierten Hunderte von Schiffen mehr als 15000 Menschen nach Smeerenburg; diese ganze Zeit über brannten die Feuer unter vollen Kesseln und stieg ein gelblichgrauer Rauch aus den Schornsteinen empor* (Jeannette Mirsky, Die Erforschung der Arktis, Zürich, ohne Jahr). Diese Herrlichkeit hat genau zwanzig Jahre gedauert, von 1625 bis 1645. Danach gab es keinen Wal mehr. Es gab keinen Polarwal und keinen Biskayerwal mehr, keinen Zahnwal und keinen Pottwal und keinen von den vielen anderen Walen mehr, deren paradiesisches Lachen auf den wunderbaren Kupferstichen im *Zorgdrager* abgebildet ist. Das Meer war ausgeschöpft, vom ostgrönländischen Packeisgürtel bis zu den Sieben Inseln und vom 80. Breitengrad bis Jan Mayen. Es gab auch keine Walrosse mehr und nur noch wenige Robben. Ein Jahrhundert nach der Ausplünderung des Meeres wurde die Tierwelt des Landes vernichtet, zuerst von russischen, dann von norwegischen Jägern. Bis dahin streiften Tausende von Bären umher, Zehntausende von Füchsen, und in den Tundratälern bewegten sich riesige Rentierherden. Auf den Inseln und an den geschützten Teilen der Strände brüteten Eiderenten und Brandgänse in solchen Scharen, daß sie, wenn sie aufflogen, die Sonne verdunkelten. Bekanntlich ist die Natur dazu da, von uns ausgebeutet zu werden. Seitdem die Wissenschaften sich entwickelt und wir begonnen haben, uns zu vermehren wie die Kaninchen, dürfen wir über die Natur verfügen, wie es uns gefällt. Die Walschlächter und die Pelzhändler waren nur die Vorläufer der Leute, die heute in das letzte, entlegenste Tal einen Staudamm setzen und den Bergbach austrocknen, der dort fließt. Was mit den Harpunen und den Zunderflinten begann, endet heute in Seen, in denen niemand mehr badet, in vergifteter Luft und im Häuser-Schund und Fabriken-Unrat, der sich über Wiesen- und Wälderlandschaften und über Meeresküsten zieht wie ein Geschwür. Aber wir vermehren uns weiter wie die Kaninchen. Der große Fortschritts-Phallus stößt sein Sperma aus, und der große Gedanke der Askese ist noch nicht gedacht. Als unvorstellbar gilt, der Mensch könne sich aus freiem Entschluß zurückziehen. Grenzen sind dazu da, überschritten zu werden: dies gilt als Lehrsatz und als Schicksal, am unerbittlichsten bei denen, die von Freiheit sprechen; den furchtbaren Widerspruch zu ihr, der in einem Zwang zum Überschreiten steckt, bemerken sie nicht. Freiheit wäre da, wo wir an einer Grenze sagten: es ist genug. Es reicht uns. Dies ist meine Utopie, und sie ist so gut wie jede andere. Wie sieht es aus an einem Ort, von dem der Mensch sich wieder zurückgezogen hat? Friedlich und schön. Der Boden besteht aus Moosblüten, die zwischen runden grauen Steinen wachsen. Natürlich ist die Stille eine Friedhofsstille, und man findet auch die Holzkisten, die früher mit Steinen zugedeckt waren und jetzt offen herumliegen. Sie enthalten nur noch ein Schienbein hier, ein Schulterblatt da. Eine schlampige Nekropole. Man kann im arktischen Boden keine Gräber ausheben. In den Senken der Smeerenburg-Ebene sumpfige Moorwiesen um Teiche, an deren Rändern Silbermöwen stehen, grau auf rosa Beinen. Auf der Landzunge im Südosten die Reste der Trankochereien: zwei ovale Mörtelungen. Am äußersten Sporn, vor dem Golf, eine hölzerne Bake, ein trigonometrisches Gerüst. Wir gehen nach Norden den Strand entlang, finden noch die aufgebrochene Schwärze eines alten Backofens. Keine Reste von Häusern. Gegenüber die Gletscher, von Lichtschleiern überweht, zwischen ihnen die zeltförmigen schwarzen Berge. Hinter der Vogelsang-Insel taucht eine andere Insel auf, das muß Klovningen sein. Von Klovningen aus hat William Barents 1596 Spitzbergen betrachtet. Von Klovningen, von der Amsterdam- und Norweger-Insel aus, vom Nordwestkap her, wurde Spitzbergen entdeckt. Man entdeckt Spitzbergen nicht, indem man vom Süden kommend an seiner Südspitze landet. Um das Südkap schiebt das kalte östliche Barents-Meer fast das ganze Jahr über die breitesten Eisfelder, welche die Schiffe nach Westen abdrängen, in den wärmeren, atlantischen Strom, der das Land im Nordwesten erreicht, so daß dort oben das Wasser noch eisfrei ist, wenn der Hornsund längst im Eis erstarrt liegt. Von dort drüben, von einer Bergspitze auf der Insel Klovningen aus, sah Barents sich namenlose Berge und Gletscher an. Er hielt Spitzbergen für Grönland. Dann fuhr er wieder davon, ließ sich Anfang August noch verleiten, nach Nowaja Semlja zu segeln, wo ihn das Eis fing. Er überwinterte und starb im

Frühling an Skorbut. Aber Jakob van Heemskerck, Gerrit de Veer und die Matrosen hatten die Wale gesehen. Eine Weile später, als es längst wieder still geworden war, kam dieser zwecklose Mensch mit seinem Ballon und seinen wissenschaftlichen Vorwänden. Als er schließlich über der Eiswüste dahintrieb, von der er sein Leben lang geträumt hatte, schrieb er, einsam in seiner Gondel, während die anderen schliefen: *Es ist doch recht sonderbar, hier über dem Polarmeer zu schweben. Wir sind nun die ersten, die hier im Ballon umherfliegen. Wann es uns wohl jemand nachtun wird? Werden uns die Menschen für verrückt halten oder unserem Beispiel folgen? Ich kann nicht leugnen, daß uns alle drei ein Gefühl des Stolzes beherrscht. Wir finden, daß wir getrost sterben können, nachdem wir das geleistet haben. Vielleicht treibt uns nur ein überspanntes Persönlichkeitsgefühl, vielleicht können wir es nur nicht ertragen, in Reih und Glied mit dem Durchschnitt zu leben und zu sterben, von kommenden Geschlechtern vergessen zu werden. Nennt man das Ehrgeiz?* Und dann fügt er noch hinzu: *Das Rasseln der Schleppseile im Schnee und das Klappern der Segel sind die einzigen Laute, außer dem Knarren des Korbgeflechts.* Von dem gleichen Mann wird berichtet, er sei gegen schöne Literatur und Kunst gleichgültig gewesen, für Musik habe ihm jedes Verständnis gefehlt. Als er einmal bei Selma Lagerlöf eingeladen ist und die Gastgeberin ihn fragt, ob er den *Gösta Berling* gelesen habe, antwortet er grob: »Nein, aber den Münchhausen hab' ich gelesen, das kommt wohl auf eins hinaus.« Er hat nicht einmal den Münchhausen mit Nutzen gelesen, hielt bloß für eine Lügengeschichte, daß es Lagen gibt, aus denen man sich an den eigenen Haaren herausziehen muß. Mit ihm schwebt der Traum vom Fortschritt als große melancholische Blase ins Wesenlose. Unsere Reise beginnt mit einem grauen, nachdenklichen Tag auf der Amsterdam-Insel. Wir wollen machen, daß wir fortkommen.

2

Auf der kleinen Insel verwandeln wir uns in hockende Statuen. Beispielsweise hocke ich auf einem flachen Abhang und wage kaum, den Kopf zu bewegen, um festzustellen, daß auch Åsa, in großer Entfernung, jenseits des Teiches, unbeweglich zwischen Grasbülten sitzt und in einer Weise vor sich hinstarrt, die mir verrät, daß sie, genau wie ich, ein zehn Schritte entferntes Eiderenten-Weibchen betrachtet, das auf seinen Eiern sitzt. So sitzen wir denn alle vier auf einer gelbgrünen Insel unter einem blauen Himmel. Meine Ente sitzt von mir abgewandt. Ich habe sie entdeckt, als ich auf die leichte Höhe kam, und von da an habe ich nur noch vorsichtig einen Fuß vor den anderen gesetzt. Als ich nahe genug heran war, ließ ich mich geräuschlos nieder. Meine Ente ist eine ganz gewöhnliche Eiderente, *common eider, Somateria mollissima,* ihr Gefieder ist hellbraun und dunkelbraun gestreift, nur auf dem Rücken lugen ein paar weiße Federchen hervor. Sie unterscheidet sich kaum von dem Boden. Sie hat ein bißchen Erde – ist es überhaupt Erde, dieses Tundra-Konglomerat aus sandigem Gekrümel, winzigen Steinen und Moosresten? – um sich zu einem Wall aufgehäuft. Ein paar andere solcher Nester neben ihr sind schon verlassen. Manchmal senkt die Ente den Kopf, zupft eine graue Flaumfeder aus ihrer Brust und legt sie vor sich hin. Das sind also die berühmten Eiderdaunen, das Nest der Träume und der Liebkosungen. Dann hebt sie den Kopf wieder, blickt da- und dorthin und eine Weile geradeaus. Ich möchte wissen, was sie denkt. Oder schläft sie? Jetzt sagt sie etwas, ein einziges knarrendes Wort: »Korr-r!« Um sie herum ist alles so braun und wild wie dieses Wort. Nur links vom Nest blüht ein Strich Eisranunkeln, weiß auf hohen Stengeln, die der Südwind schüttelt. Nach zehn Minuten entdeckt mich die Ente, weil ich dem Wunsch, meine Pfeife anzuzünden, nicht widerstehen konnte. Sie steht auf, fliegt aber nicht fort, sondern geht ein paar Schritte zur Seite. Ich bleibe noch eine Zeitlang sitzen; vielleicht begreift sie ja, daß sie sich ruhig wieder auf ihren Eiern niederlassen kann. Sie begreift es nicht. Statt dessen geht sie noch ein Stück weiter weg, bleibt dann stehen und sieht mich an. Sie will mich von ihrem Nest weglocken. Sie ist bereit, sich für ihr Gelege zu opfern. Übrigens geht sie nicht unbeholfen, sondern wiegend. Ich ängstige sie, weil ich zum Nest gehe, um mir die Eier anzuschauen. Das Gelege besteht aus drei Eiern, die genauso gelbgrün sind wie die ganze Insel an diesem Sonnentag. Sie sind viel größer als Hühnereier und dicht in einen warmen grauen Daunenwall eingepackt. Über Eier kann man sonst nichts weiter sagen. Eier sind Eier, basta! Ich sehe zu Åsa hinüber. Sie ist nicht aufgestanden, wie ich, sondern hat sich auf den Boden gelegt und blickt in den Sucherschacht ihrer Kamera. Also muß sie etwas anderes beobachten als eine brütende Eiderente, etwas, das stillhält. Meine Ente sagt noch einmal »korr-r«, als ich fortgehe. Ob sie überhaupt schon einmal einen Menschen gesehen hat? Besitzt sie etwas Ähnliches wie ein Gedächtnis? Wenn ja, in welcher Weise speichert ein Enten-Gedächtnis Erinnerungen und Erfahrungen? Bildet es für Erlebnisse wie Regen, Schnee, Sonne, Mensch, Fisch, Raubmöwe eine Art von Ideogrammen aus? Während ich über die Senke in der Mitte der Insel gehe, scheuche ich überall Eiderenten-Mütter von ihren Gelegen auf. Ich sehe keinen einzigen Erpel. Schade, sie sollen so schön sein, mit schwarzem Bauch und weißen Flügeln, mit weißem Kopf und schwarzem Scheitel, der in einem Nacken aus hellem Moosgrün endet, mit rahmfarbener Brust. So sehen schon die gewöhnlichen Eiderenten-Männchen aus, und ich habe sogar zu hoffen gewagt, ich würde einem Prachteiderenten-Erpel begegnen, mit seinem großen, orangefarbenen Schild über dem Schnabel. Aber die schönen Erpel sind längst fortgeflogen, überlassen Brut und Aufzucht gänzlich den Müttern. Wohin sind sie eigentlich geflogen, da die Eiderenten doch keine Zugvögel sind? Ich muß Professor R. fragen, wenn ich zurück bin. *Die männlichen Eiderenten ziehen sich, bald nachdem die Weibchen mit dem Brüten begonnen haben, von den Nistplätzen zurück und mausern auf See, in Gebieten mit etwa drei bis acht Meter Wassertiefe,* so schreibt er mir. Über welchen Schatz von Bildern doch so ein Zoologe verfügt! Also: auf dem Meer schwimmend, wechseln die schönen Vögel, nachdem sie gezeugt haben, ihr Federkleid! Merkwürdig eigentlich, daß die Enten so spät brüten, Mitte August, im arktischen Herbst. Am Rand des hellblauen Teichs, der doch mehr ein kleiner Süßwassersee ist, stehen Möwen und Stelzvögel. Es gibt hier auf dieser Insel sowohl Gräser wie Moose. Wenn ich die Brille abnehme – ich bin stark kurzsichtig –, so setzt sich mir die Welt hier aus folgenden Farbflecken zusammen: hellblau, gelbgrün, dunkelblau (der Himmel!), schieferblau (das Meer!), plötzlich ein Purpur, ein schnelles Weiß. Wenn ich sie wieder aufsetze, erweist sich das Purpur als ein Polster von Steinbrech, das Weiß als eine Schwalbenmöwe, die über mir im Blau hängt, ein weißer Stern. Ich muß mich in der Nähe ihres Nestes befinden, denn sie greift mich an. Sie schießt in einer flachen Kurve auf mich zu, stößt einen Schrei aus und streift beinahe meinen Kopf. Ich habe eine dicke Mütze auf, aber ich ducke mich. Immer wieder stößt sie auf mich herab. Mit ihren schlanken Schwingen und ihrem gegabelten Schwanz, von unten alles in reinstem Weiß um einen schwarzen Körper, sieht sie wirklich wie ein Stern aus. Ich entkomme ihr. Und jetzt muß ich leise sein, denn ich bin bei Åsa angekommen und sehe, was sie sieht: zwei eben ausgeschlüpfte Eider-Küken. Sie tragen noch kein Feder-, sondern ein Haarkleid. Sie sind Büschel aus einer grauen Wildfarbe. Nur ihre Köpfe sind weiß, weiß zu ihren dunkelgrauen Schnäbeln. Da liegen sie und bewegen sich nicht. Sie atmen nur. Sie haben ihre Schnäbel in die Daunen ihres Bettes gesteckt. Sie atmen. Sie sind seit einer Viertelstunde auf der Welt. Sie werden ein paar Sommer und Winter auf der Welt sein. Åsa sagt: »Wir müssen bald gehen!« Ich folge ihrem Blick und sehe die Mutter der Küken, wie sie in einiger Entfernung auf der Tundra hin und her geht, sicherlich in großer Angst. Das ist es, was Menschen und Eiderenten gemeinsam haben: Angst. Aber noch können wir nicht gehen, denn da ist das Auge des einen der beiden kleinen Vögel. Der andere hat sich ganz in die Daunen vergraben, aber von diesem einen sehen wir das linke Auge. Es ist schwarz, rund und lidlos. Und es sieht uns an. Unverwandt. Ohne Angst. Es ist da und blickt, nichts weiter. Schwarz, in einem Haarbüschel, das atmet.

3

Wir treiben uns noch eine oder zwei Stunden auf dieser Enten-Insel herum, gehen ihre Ufersäume entlang, sehen einem winzigen Laufvogel-Pärchen zu. Um unsere Insel liegen noch ein paar kleinere Inseln. Die Vögel brüten auf ihnen, weil sie hier vor den Füchsen sicher sind, die über die Reinsdierflya schnüren. Die Rentierheide ist eine ebene Halbinsel gegenüber, dunkelbraun jenseits des türkisgrünen Wasserarms. Dort muß es Rentiere geben, aber sie zeigen sich nicht. Die Tundraebene liegt weit und ruhig neben dem blauen, eisfreien Meer. Wenn wir uns nach Süden wenden, erblicken wir zwei Fjorde, den Woodfjord und den Liefdefjord. Dort, wo sie ineinander münden, steht ein dreieckiger Kap-Berg, das Roosfjell. Die Berge am Ostufer des Woodfjords sind rund und sanft, während sich in den Liefdefjord hinein die Ketten der schwarzen Berge spitz über die Gletscher staffeln. Da der Abstand nach allen Gebirgen hin sechs bis zwölf Seemeilen beträgt, stehen wir in einer riesigen Landschaft aus Blau, die jetzt, am Abend, von Norden her ausgeleuchtet wird. Aus dem Liefdefjord treiben Eisschollen, und wir ergreifen eine, die an der Insel gestrandet ist, und stellen sie am Ufer auf. Sie ist durchsichtig, so daß der Himmel hinter ihr sie zu einem blauen Monument macht. Über die Entstehung von Gebirgen gibt es die verschiedensten Theorien. Fest steht nur – wenn überhaupt irgend etwas feststeht! –, daß sie durch Bewegung der Erdkruste entstanden, dadurch daß ebene Decken von Sedimentschichten zusammengeschoben und gefaltet wurden. Die Geologie ist eine Wissenschaft, die sich noch im Zustand der Hypothesen-Bildung befindet, und vielleicht ist sie deshalb so anziehend. Jedenfalls ist es spannend, sich in die Hypothesen von Plutonisten und Neptunisten, Anhängern der Kontraktionstheorie oder des isostatischen Gleichgewichts, der kontinentalen Westdrift oder der zweiunddreißig Diskordanzen zu vertiefen. Ich hoffe, in meiner nächsten Inkarnation Geologe zu werden. Da ich in meiner jetzigen ein geologischer Laie bin, kann ich es mir leisten, meinem persönlichen Geschmack zu folgen und mir eine Lieblingstheorie auszusuchen. Am besten gefällt mir also diejenige von Kant und Laplace und die Art, in der man sie weiterentwickelt hat. Nach Kant und Laplace besteht die Erde aus einem Kern sehr hoher Temperatur und einer ziemlich dünnen festen Kruste, und die neueren Anhänger dieser Schule nehmen an, daß die feste Kruste (Sial) von einer Unterlage aus Basalt in zähflüssigem Zustand (Sima) getragen wird, in der sich radioaktive Prozesse abspielen. *Die Wärme, die bei radioaktiven Prozessen frei wird, soll das Sima teilweise schmelzen und dadurch die wichtigsten Gestaltveränderungen unserer Erde verur-*

sachen. (R. Gheyselinck, Die ruhelose Erde, Berlin, 1951). Ich kann mir gut vorstellen, daß sich unter unseren Füßen revolutionäre Prozesse in einem glühenden Erdkern abspielen und dabei Gebirge aufwerfen, während ich mir nur schwer vorstellen kann, daß Ozeane große Festländer zu Gebirgen zusammenstauchen. Ich bin also ›Plutonist‹. Besonders im inneren Liefdefjord bin ich einer, wenn ich diese Gebirgsketten aus basischen Tiefengesteinen betrachte, die schwarz, steil und spitz über den Gletschern stehen. Solche Formen hat kein Meer geschaffen. Die Gestalt der Dänen-Insel mag vom Meer geschliffen worden sein, aber nicht diese Massive. Schwarz drängen sie herauf, nicht eruptiv, nicht selber vulkanisch, doch von unterirdischen Essen hochgestoßen und oben von Stürmen erodiert zu Lanzenspitzen des Hephästos. Keine sedimentären Lagen und Faltungen, nur diese homogene Finsternis, dieses Geschmiedete. Hier stehen lauter Kathedralen, nicht mehr aus einzelnen Steinen Gebautes, sondern aus einer körnigen Masse einheitlich Geformtes, riesige Skulpturen aus Pfeilern und Pfeilen, aus Türmen und Spitzen, überzogen von Lisenen aus Eis. »Wenn Sie Glück haben und den Liefdefjord bei klarem Wetter sehen – den Anblick werden Sie Ihr Leben lang nicht vergessen!« hatte Tore Gjelsvik in Oslo zu mir gesagt. Zweifellos hat er recht behalten. Man steht nicht oft auf einem Platz, der von zwanzig, dreißig Kathedralen umgeben ist. Aber ich entdecke wieder einmal, daß mir einfache romanische Landkirchen lieber sind als die berühmten Dome des 12. Jahrhunderts. Selbst der Spitzenschleier der Südfassade von Straßburg zwingt mir nur kalte Bewunderung ab, während ich Moissac oder Giornico gern habe. Inmitten dieser erhabenen Gotik des Liefdefjords habe ich auf einmal Sehnsucht nach einem einfachen, nicht sehr hohen Berg, keinem Hügel natürlich, es müßte schon ein Berg sein, aber einer aus Schichten, ein grauer, heller Berg, sanft wie eine Woge und lebendig, mit Sandreißen zu seinen Füßen, die allmählich in eine Ebene übergingen. Doch da stehen nur diese harten schwarzen Zelte auf Strömen aus Eis. Die sind so riesig, daß sie mit den Bergen bald fertig sein werden, so hart sie auch sein mögen. Die Wand des Monacogletschers ist sicherlich zwanzig bis dreißig Meter hoch und zwei Seemeilen lang. Haakon Godtlibsen hält die ›Havella‹ in gehörigem Abstand zu ihr, denn sie ist eine dröhnende Wand. Immer wieder zerreißt ihr Dröhnen die vollkommene Stille des inneren Liefdefjords und reißt die Scharen von Möwen hoch, die auf den Eisschollen unter ihr gesessen haben. Wir rudern an Land und gehen über Kieselmoränen auf den Gletscher zu, der nicht nur weiß ist und blau in den Spalten, sondern auch schmutzig vom Gesteinsgrus. Das Wasser zu seinen Füßen ist milchig oder grau. Ja, der Monacogletscher wird die Kathedralen bald zum Einsturz bringen. In hunderttausend Jahren wird dieses Buch nicht mehr als Führer im Liefdefjord dienen können, denn dann wird der Gletscher den Fjord mit Bergen gefüllt haben. Mit Bergen, die dann Ebenen sind. Ich liebe die Erosion, die Ebenen bildet. Zwar bin ich Plutonist, glaube an die Radioaktivität, an die Sinnlosigkeit dieser Revolutionen unter unseren Füßen, aber lieber als sie habe ich den langsamen Aufbau von Schichten, von Strata, in denen man die Petrefakte findet, von Dünen, von Tafeln, die aus dem Meer aufsteigen und über denen die Sphären stehen, von Wolken bewohnt wie von Gedanken. Der Gletscher dröhnt. Die Vögel flattern auf. Die Berge warten auf ihren Tod. Der Himmel hat sich weiß überzogen. Ich wünsche mir den gestrigen Tag, die Inseln draußen, die Rentierheide, das Meerstrandläufer-Pärchen, dunkelgrau auf blaugrauem Ton-Ufer, in dem die Krallenspuren zu sehen waren, die Gaunerzinken, winzig und unverwischbar, obwohl die nächste Welle sie löschte: Kilroy was here.

4

Die Bockbucht liegt nach Osten gleich neben dem Liefdefjord. An der Bockbucht, genauer gesagt an den Bergen ihres Ostufers, noch genauer gesagt an der Farbe dieser Berge, gerate ich mit meiner Methode der Beschreibung in eine Krise. In meinem Tagebuch, das ich an Bord der ›Havella‹ geführt habe, schrieb ich: *Das Bemerkenswerteste an diesen Fjorden sind die dunkelrot-violetten Berge an ihren Ostufern, im Inneren des Bockfjords besonders eindrucksvoll. Hohe erodierte Wände aus Basaltgeröll, die tatsächlich purpurn neben den blauen Bergen des Urgesteins über dem Wasser, über dem spärlichen Moosgrün der Halden zu ihren Füßen stehen ...* Das ›Basaltgeröll‹ ist schlichter Unsinn, es handelt sich um Sandstein; wahrscheinlich hatte ich zuviel über den Vulkanismus jenes Gebiets gelesen, so daß ich devonische Schichten in basaltische Laven verwandelte. Irgendwie schien mir die Farbe dieses Gesteins besser zu einer Vorstellung von feuriger Vergangenheit zu passen, und einen Sandstein solchen Kolorits hatte ich noch nirgends gesehen. Sein Rot meine ich, wenn ich von einer Beschreibungs-Krise rede. *Dunkelrot-violett und purpurn* ist nicht direkt falsch, gibt aber doch keinen rechten Begriff. Dornseiffs Synonymen-Lexikon zählt 66 verschiedene Bezeichnungen für Rot auf, dazu noch 14 Bezeichnungen für Violett; bei einem großen Teil dieser Synonyma handelt es sich allerdings um Metaphern, nicht um reine Farbangaben. Für das Rot der Berge am Ostufer der Bockbucht besitzt die Sprache kein Wort. Kann es also in der Sprache nicht gezeigt werden? Mitten in diese Überlegungen hinein erreicht mich ein Brief von J.P. aus Manchester. *So much of our writing is, like journalism, a description of the known object before us,* schreibt er. *But, as I see it, art takes the known object or experience and from it projects an unknown object, which cannot be ›described‹ in the normal sense of the term. This unknown object is presented, a new shape of words or stone or paint.* Er hat recht, nur befinde ich mich hier, in dieser versteckten Bucht an der Nordküste Spitzbergens, nicht in der Lage dessen, der angesichts eines bekannten Objekts ein neues, unbekanntes zu erschaffen hat, sondern ich stehe vor einem unbekannten Ding. Wer immer das Rot dieser steilen Tafeln über das vollkommen stille Grün dieses Wassers gestellt hat – er hat einen Gegenstand von unbekannter Magie geschaffen. Man kann solche Magie aufklären, aus der mineralischen Zusammensetzung jenes Sandsteins, weiter aus dem Chemismus der in ihm enthaltenen Mineralien, so, wie man das Grün und das Grau Cézannes aus der Chemie der Farben erklären kann, die er benutzt hat. Ich widerrufe also das Wort *Magie* und ziehe mich auf das Wort *Phänomen* zurück. *Der griechische Ausdruck* φαινόμενον, *auf den der Terminus ›Phänomen‹ zurückgeht, leitet sich von dem Verbum* φαίνεσθαι *her, das bedeutet: sich zeigen;* φαινόμενον *besagt daher: das, was sich zeigt, das Sichzeigende, das Offenbare;* φαίνεσθαι *selbst ist eine* mediale *Bildung von* φαίνω, *an den Tag bringen, in die Helle stellen;* φαίνω *gehört zum Stamm* φα- *wie* φῶς, *das Licht, die Helle, d.h. das, worin etwas offenbar, an ihm selbst sichtbar werden kann. Als Bedeutung des Ausdrucks ›Phänomen‹ ist daher festzuhalten: das Sich-an-ihm-selbst-Zeigende, das Offenbare.* (Martin Heidegger, Sein und Zeit, Neunte Auflage, 1960, S. 28). Das, was gewisse nördlichste Berge der Welt aus ihrem Inneren an den Tag bringen, in die Helle stellen, ist ein seltsames rotes Licht. Ein Licht aus steinernem Purpur, aus rotviolettem Staub. Man müßte wissen, was es zu bedeuten hat, dieses dunkle Leuchten, ausgehängt über einem Eis-Ozean und so verschossen wie eine alte seidene Fahne. Hätte ich damals gewußt, daß es sich dort drüben um Sandstein des Downtonian handelt, so wäre ich wahrscheinlich hinübergerudert, um den Strand und die Abhänge nach Petrefakten abzusuchen;

bei Frebold las ich später, daß man dort, wenn man Glück hat, versteinerte Fische, Lamellibranchiaten und Crustaceen findet. Vielleicht habe ich im Anblick der roten Berge so leichtsinnig auf Basalt geschlossen, weil wir uns, während wir sie betrachteten, einen Lavahang hinaufbewegten. Dabei war der Vulkan, in dessen Flanken wir umherstiegen, viel heller als die Berge jenseits der Bucht, hellgrau, bis wir schließlich sogar auf kalkweiße Böden gelangten, auf denen Wasserrinnen schwefelgelbe und rostrote Sinterungen abgesetzt hatten. Schließlich fanden wir die beiden warmen Quellen, die Adolf Hoel 1911 entdeckt hat; zwei Tümpel, einen halben Meter im Durchmesser, aus denen klares, lauwarmes Wasser aufstieg und über die Kalkränder abfloß. Darin wuchs grünes Moos. Von Zeit zu Zeit trieben zwei, drei Bläschen aus ihrem Grund empor und zersprangen glucksend an der Wasseroberfläche. Wir konnten uns nicht entschließen, in die Badewannen der Natur zu steigen, irgendeine Scheu hielt uns davon ab, vielleicht auch der Umstand, daß nur fünfzig Meter von ihnen entfernt ein Gletscher durch das Gelände floß. Kurz erörterten wir den Bau eines Kurhauses, die Gründung einer Bockbay-Thermalquellen-Aktiengesellschaft, kamen jedoch zu dem Schluß, daß wir auf diese Weise nicht reich werden würden. Wer investiert denn schon am 79. Breitengrad? Die Landschaft war un-heimlich, die dunkelste Bucht der Nordküste, und im nächsten Monat schon würde sie sich mit Eis füllen, starr werden in einer Nacht, in die vor dem 25. Februar kein Strahl der Sonne fiele. Nicht einmal das Geräusch der leichthin zerplatzenden Wasserblasen machte diese Welt zu einem Idyll, sondern erinnerte uns nur daran, daß solche Thermen von Öfen geheizt werden, in denen ein finsteres Feuer brennt. So wärmten wir uns nur unsere Hände in ihnen, ehe wir zur Bucht hinabstiegen, wo Alf Ohlsen indessen seine Netze gestellt hatte. Wir sahen ihm zu, wie er im Boot stand, gedankenvoll über das spiegelglatte Wasser gebeugt. Um ihn nicht zu stören, gingen wir zum Tundraplateau hinauf. Dort erblickten wir ein Rentier-Rudel. Wir setzten uns vor die graue Wand eines erratischen Blocks, verhielten uns still und sahen den Tieren zu, wie sie äsend über den Kamm der Heide zogen. Sie entschwanden nach Norden, in den Sandreißen des Roosfjells.

5

Wir geraten ins Herumstrolchen. Beispielsweise lassen wir uns dazu verlocken, lange einer großen Bartrobbe zuzusehen, die auf einer Eisscholle liegt, vor einer Gletscherwand. Sie liegt da wie ein schwerer gestrandeter Mensch. Hinter ihr stehen zwei Mantelmöwen, die wie sie in Richtung des Gletschers blicken, als erwarteten sie von dort irgend etwas. Nach einer Weile wendet die Robbe ihren Kopf und sieht uns an, aus runden Augen. Ihre Barthaare sind lang und gesträubt. Warum diese Tiere Seehunde heißen, ist mir unerklärlich. Ich würde sie eher Seemenschen nennen. Etwas Altes und Kluges ist in ihrem Blick. Erst als wir ihr allzu nahe kommen, zieht die Robbe ihren Körper zusammen, krümmt ihn hoch und wälzt sich über den Schollenrand ins Wasser. Die Mantelmöwen fliegen auf. Am Ostufer des Woodfjords entdecken wir eine Trapperhütte. Sie ist aus *driftwood*-Stämmen zusammengefügt und leer, doch gut erhalten. Ein eiserner Ofen und Holz; wir machen schnell Feuer. Es gibt jetzt kaum noch Felljäger auf Spitzbergen, und so hoch im Norden überwintert wohl überhaupt keiner mehr. In dieser Gegend, nur etwas weiter nördlich, am Gråhuken, muß die Hütte des deutschen Jägers Karl Ritter gestanden haben. Seine Frau hat den Winter 1936/37 dort mit

Blick von der Gräber-Halbinsel in der Magdalenenbucht auf das offene Meer

Nordküste der Dansköya (Dänische Insel). Am Ufer befand sich die Abflugstelle des schwedischen Ballonfahrers Andrée

Rote Krustenflechte

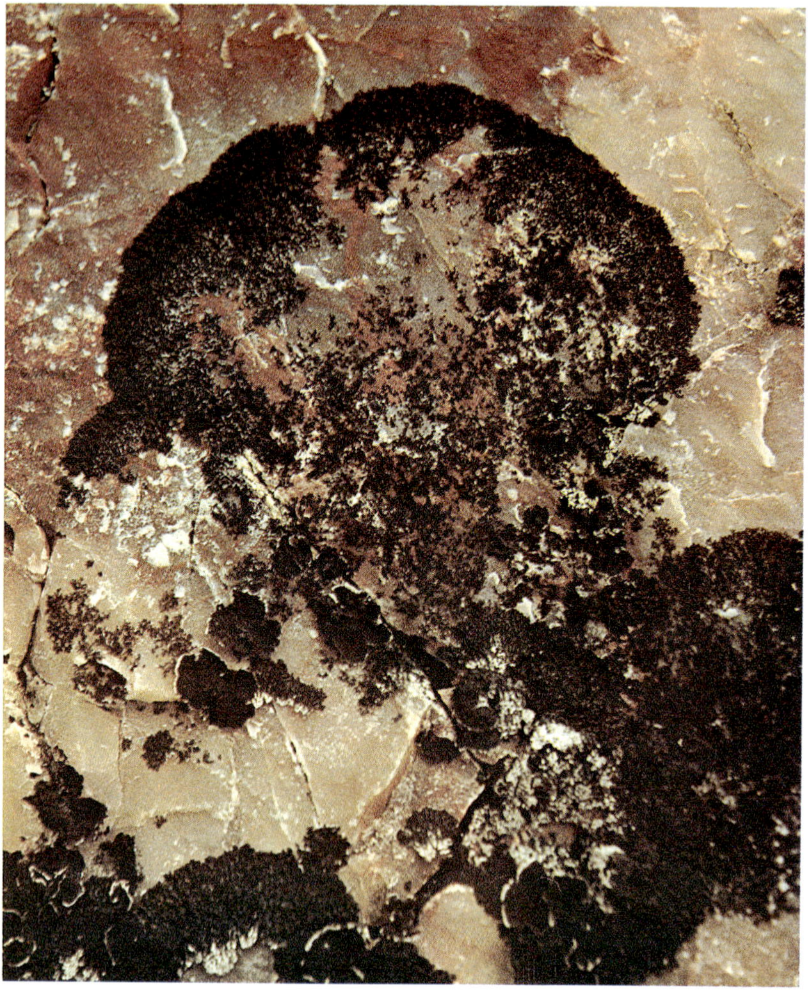

Schwarze Krustenflechte

Südwestlicher Abschluß des Liefdefjords mit Ida-Gletscher und Bergen des Ringertzfjellet. Auf einer Eisscholle vor dem Gletscher liegt eine große Bartrobbe

Südlicher Abschluß des Liefdefjords mit Monaco-Gletscher und den nördlichen Bergketten von Haakon-VII-Land

Berg mit Eisbaumform im Isfjorden (Eisfjord)

Polarmohn, Papaver dahlium

Grashalme, die sich gemäß der Kreiswanderung der Sonne am Horizont gedreht haben

Steinbrech, Saxifraga groenlandica

Nøisdalen im Coloradofjellet. Der Coloradofjellet bildet den Nordrand des Sassentals, das in den Sassenfjord, einen östlichen Ausläufer des Eisfjords, mündet

Mündung eines kleinen Flusses ins Eismeer. Mossel-Halbinsel, unweit Verlegenhuken, des nördlichsten Kaps von West-Spitzbergen

Lagune am Nordostufer der Sorgbucht

Abhänge des Berges Heclahuken, 486 m, an der Sorgbucht

Berg am Ostufer des Woodfjords

Auf der Insel Moffen. Die Insel liegt vor den Mündungen von Woodfjord und Wijdefjord im Eismeer, knapp nördlich des 80. Breitengrads

ihm verbracht, und diesem Aufenthalt verdanken wir die einzige Schilderung der Form- und Lichtphänomene der Polarnacht, die wir besitzen (Christiane Ritter, Eine Frau erlebt die Polarnacht, Berlin, 1938). Was keiner der Forscher, Wissenschaftler, Groß-Touristen, auch Nansen nicht, beschrieben hat – denn die Ästhetik gehört nicht zur Naturwissenschaft, die Form nicht zur Forschung –, das erfahren wir aus dem Buch dieser Frau: wie es sich anhört, wenn das Packeis auf die Küsten läuft, daß ein Blizzard sich anfühlt wie eine Schneewand, daß die Stunden nach einem solchen Schneesturm sich in den reinsten Tönen des Blaus abspielen. Zwar schwärmt diese Frau, aber sie schwärmt präzis. Wann wird einmal eine Geschichte der naiven Literatur geschrieben werden? Während das Feuer in der Hütte prasselt, frage ich Åsa, ob sie nicht einmal einen Winter hier verbringen wolle. Sie antwortet nicht; wahrscheinlich denkt sie bereits an Schlitten und Gewehre. Sie ist schon vor die Hütte getreten und sieht Alf zu, der wieder einmal am Strand seine Netze stellt, dort, wo ein Bach in den Fjord mündet, und diesmal hat er Glück, denn als wir am nächsten Morgen an Deck kommen, hat er zweiundfünfzig Lachsforellen gefangen. Den größten Teil von ihnen hat er schon in Fässer eingepökelt, aber mittags trägt Aage Forellen auf, und wenn ihr Fleisch nicht schmecken würde wie das Fleisch von Lachsforellen, so würde ich sagen, es schmecke nach Nußkernen. Währenddessen tuckert die ›Havella‹ wieder ein Stückchen in den Woodfjord hinein und legt sich für einen Tag und eine Nacht in eine Bucht, die auf der Karte Mushamna heißt, Mäusehafen, aber das ist eine Verballhornung, bereits auf Blaeus Karte von 1662 und noch auf Dunérs und Nordenskiölds Karte aus dem Jahr 1864 heißt sie richtig Muys haven; sie ist nach einem holländischen Walfang-Kapitän aus dem 17. Jahrhundert benannt. Die Nomenklatur von Spitzbergen ist in einem hoffnungslosen Zustand; ich benutze in der Regel die Namen der Karten des Norwegischen Polar-Instituts, aber Mäusehafen ist ein unmögliches Wort für diese Bucht, nicht weil es keine Mäuse auf Spitzbergen gibt, sondern weil es sich bei Muys haven um den schönsten Naturhafen an diesen Küsten handelt, um ein Formwunder. Man soll den alten Holländer ehren, der es entdeckt hat. Wir entdecken es nicht sogleich, weil Haakon Godtlibsen die ›Havella‹ des Nebels wegen hier hereingeführt hat. Aber gegen Mittag wird um die Spitze des Großmastes herum die Luft blau, der Nebel zerflattert unter dem hohen Druck. Wir haben in der Mitte eines Beckens aus schiefergrauem Wasser geankert, in das von Norden und Osten Bäche fließen, in Deltas zerfasert, über Kieselebenen. Darüber Berge, in Terrassen gegliedert, nicht die spitzen Granitberge vom Ende der Fjorde. Die stehen nun fern im Süden als Mauern, als blaue Fronten, unter dem Föhnhimmel. Nach Westen Tundrahügel, von denen aus eine Landzunge herabgleitet, schmal wird, eine Nehrung aus Steinen, ein natürlicher Kai, der Muys haven nach Süden schützt. Nur ein so kleines Schiff wie die ›Havella‹ kann die Einfahrt zwischen der Molen-Spitze und dem Fuß eines hohen Berges am Ostufer passieren. Von der Hochsteppe aus liegt die helle Nehrung als graphisches Zeichen dem dunklen Dreieck dieses Bergs gegenüber, zwischen dem im Gegenlicht glänzenden Schwarz des Bassins und der blauen Weite des Golfs. Warum ergreifen uns irgendwelche Anordnungen von Formen und Farben mit der Macht des Vollkommenen? Wann werden Ansichten zu Bildern? Würde Muys haven auch dann ein Meisterwerk der Natur sein, wenn niemand ihn sähe? Macht einzig unser Blick ein bewußtlos Seiendes zur sinnlich schönen Form? Oder besitzt die Natur Geist? Züchtet sie Bilder? Wir finden ein Grab, über dem ein weißer Stein steht, aber wenn er je eine Schrift trug, so ist sie erloschen. Von der Tundra aus sehen wir das offene Meer im Norden. Wir steigen zu den Bächen hinab, wandern über sie hin und zu den Bergterrassen hinauf. Der Skipper meinte, sie seien ein guter Grund für Versteinerungen, aber wir finden nur ein paar dem Stein aufliegende Muschelkavernen. Dafür gibt es Blumen zu sehen, vor allem arktischen Mohn, die Blütenblätter sind nach innen gelb gefärbt. Wir geraten an den Rand einer Schlucht, in deren Tiefe ein Bach rauscht, ihr Grund ist von Nebel erfüllt, und ihre Wände sind gelb und grau gestreift. Von manchen Punkten aus sehen wir Gletscherkare, einmal einen Berg, der eine genaue Pyramide aus Schutt ist. Am Abend hat sich der Himmel mit einer hohen Wolkendecke überzogen; wir stehen auf dem Hochufer, und unten gehen Alf und der Matrose, der niemals spricht, den Steinstrand entlang, schattenhaft durch eine opalgraue Welt. Im Wasser um die ›Havella‹ schwimmen schwarze Vögel, Alken, und zwischen ihnen tauchen zwei Kugelrobben auf. Diese kleinen schwarzen Robben sieht man nie auf Eisschollen liegen, wie die großen Bartrobben, sie stecken nur ihre runden Köpfe aus dem Wasser und tauchen dann wieder weg. Aber auch sie sind See-Menschen, die uns aus runden Augen betrachten, fremde Leute zwar, die unter dem Eis leben, doch immerhin Leute. Wenn sie auftauchen, prusten sie wie wir, wenn wir auftauchen. Man muß lautlos lachen, wenn man sie sieht, sie stimmen einen heiter, sie sind freundliche Verwandte, Verzauberte vielleicht. Sicherlich gibt es Robben-Märchen. Wenn einer sich in der Arktis einsam fühlt, und so eine Kugelrobbe erscheint neben ihm und sieht ihn an, fast ohne Scheu, dann ist er nicht mehr allein.

6

Keiner der großen Forscher, weder Scoresby noch Parry, weder Nordenskiöld noch Nansen, hat Moffen Island eines Besuchs für wert gehalten. Nur der Commander Phipps sandte im Jahre 1773 ein Boot an Land; übrigens saß in diesem Boot ein vierzehnjähriger *midship-man* namens Horatio Nelson. Moffen Island liegt zwölf Seemeilen weit draußen im Meer, vor dem Woodfjord, und ist weiter nichts als ein Kieselring um eine Lagune. Die Stürme haben einen etwa drei Meter hohen Steinwall am Ufer aufgehäuft, und dahinter ist dieses vollständig flache Kieselland. An Vegetation gibt es nichts als da und dort das niedrigste und ärmlichste aller Moose. Es scheint, daß für Geologen und Botaniker hier nichts zu holen ist. Eine so ebene Insel muß jedoch Jahrhunderte hindurch die Walrosse und Robben gelockt haben, ihre Schwere darauf zu betten; hier müssen die Herden gelegen und ihr röhrendes Gebell in die Winternacht gesandt haben. Hier fielen die Jäger aus den Niederlanden und England über sie her. Sie verwandelten die Insel binnen weniger Jahre in einen Friedhof, genauer gesagt in einen Schindanger. Die Natur ist dazu da, von uns ausgebeutet zu werden. Weil der Pol alles konserviert, hat er auch den Schindanger eingefroren, und so liegen denn auf Moffen Island die Knochen der Meer-Menschen des 17. Jahrhunderts zu Tausenden weiß auf den grauen Steinen. Die Walroßhäupter mit den Stoßzähnen haben die Jäger als Trophäen mitgenommen, aber aus runden Augenhöhlen glotzen uns unzählige Robbenschädelchen an. Merkwürdig weich sind die Formen dieser Stirnen, dieser Brustkörbe und Schulterblätter, jede Härte wird sogleich zurückgenommen in ein Fließen; an solchen Konturen und Flächen hätte Arp seine Freude gehabt. Noch in ihren starren Relikten verrät sich das Friedliche und Heitere dieser

Tiere. Irgend jemand, der vor uns auf der Insel war, hat die pfeilförmige Hirnschale und die mit ihr zusammenhängenden Schulterpartien eines Spermwals über dem Boden aufgerichtet und auf solche Weise das mächtige Bild eines Flügelwesens erschaffen; als Vogel erhebt sich das Säugetier des Meeres in die graue Luft eines *musée imaginaire*. Ja, der Himmel ist heute grau, und kein anderer würde zu dieser Insel passen. Aber die Steine sind doch nicht grau, wie ich geschrieben habe, sondern von einer Flechte aus dunklem Rost überzogen. Die Lagune ist zugefroren, weiß und eisig liegt sie zwischen den flachen Ufern, an ihren Rändern ins Grünliche verfärbt. Alles verläuft hier horizontal, flach hingestrichen, die Treibholzstämme, die das Meer hereingespült hat, der Lummenflug, der in einer schwarzen Linie über das Haff aus Kreide streift. Im Norden ist der Himmel aus Eisen. Gelegentlich schreit ein Vogel gegen ihn an.

7

Von Moffen Island in einer geraden Linie den 80. Breitengrad entlang nach Osten, nach Verlegenhuken, dem nördlichsten Punkt von West-Spitzbergen. Ein wenig südlich des Kaps, das kein Kap ist, sondern ein Stück Vorland-Ebene über einem Steilufer, finden wir etwas sehr Seltenes: Menschen. Alf hat ihre Zelte ausgemacht, und die Neugier treibt uns an Land. Die Menschen erweisen sich als zwei sehr junge Biologie-Studenten der Universität Oslo und ein junger Doktor, der schon Assistent ist. Sie markieren Lachse. Zur Rechten des hohen Ufers, auf dem ihre Zelte stehen, strömt ein grüner Fluß durch eine Schlucht ins Meer. Der Fluß fällt von kleinen Seen oben in den Bergen herab. Den Fluß hinauf steigen die Lachse in die

Seen, um zu laichen. Die jungen Männer fangen die Fische in Netzen, tragen sie in mit Wasser gefüllten Eimern zu ihren Zelten und befestigen Plomben an ihren Flossen, ehe sie ihnen wieder die Freiheit geben. Solche Markierungen würden später wichtige Aufschlüsse über die Wanderungen der Lachse geben, sagen sie. Deshalb seien sie hier. Deshalb haben sie sich Anfang Juli von dem Forschungsschiff des Norwegischen Polar-Instituts hier ausbooten lassen. Ende August wird das Schiff sie wieder abholen. Sie fühlen sich als wissenschaftliche Station. Sie leben zwei Monate lang in Zelten am 80. Breitengrad. Die Temperatur ist hier ständig einige Grade unter Null; manchmal fällt sie sehr viel tiefer. Ihr Wohnzelt ist keineswegs eines jener großen Rundzelte, wie man sie von den Armeen her kennt – aus festem, schwerem Persenning um einen zentralen Ölofen errichtet, fast ein Haus –, sondern ein kleines, leichtes Zelt, in das man hineinkriechen muß, in dem man nur sitzen kann; immerhin haben sie ein Sprit-Öfchen darin. Daneben die Zelte für Proviant und Gerät. Sie besitzen einen kleinen Funkapparat, mit dem sie sich melden könnten, in Longyearbyen oder bei Isfjord Radio, falls sie in eine Katastrophe gerieten, in einen Nordsturm etwa. Die ›Havella‹ ist ein Ereignis für sie; sie haben, seitdem sie hier an Land gingen, kein Schiff am Horizont mehr gesehen. Die See nördlich Spitzbergen ist im Jahre 1965 eines der einsamsten Meere der Welt. Als der Commander Phipps 1773 hier mit den Fregatten ›Racehorse‹ und ›Carcass‹ aufkreuzte, hatte er ständig fünfzehn bis zwanzig Waler im Blickfeld, holländische *Fleuten,* die mit ihren schmalen, langen, trapezförmigen Segeln am Winde liefen. Das waren Zeiten! Das Eismeer war damals belebt von vielen herrlichen Schiffen, Schiffen, die vielleicht von Wenzel Hollar oder Phineas Pett entworfen worden waren; das Barock ihrer Galionsaufbauten hob sich hoch über die Eisflächen, auf denen kleine pluderhosige Männer aus Zaandijk oder Newcastle mit gewaltigen Bären kämpften. Das war vor zweihundert Jahren. Und noch vor hundert Jahren mußte der Baron Nordenskiöld in der Mosselbucht, die nur fünf Seemeilen südlich des Flusses liegt, an dessen Mündung wir uns jetzt befinden, die Besatzungen von sechs Robbenschlägern bei sich aufnehmen, die nicht mehr rechtzeitig dem Eis entronnen waren, was seine ganzen Expeditionspläne über den Haufen warf. Heutzutage gibt es keine Robbenschläger mehr so hoch im Norden; sie befahren die Gewässer weiter südlich, die östliche Barents-See zwischen der Bären-Insel und der Edge-Insel. Die ›Havella‹ ist, seitdem sie Ny-Aalesund mit Kurs nach Norden verließ, keinem einzigen Schiff begegnet. Und an der ganzen Nordküste haben wir nur diese drei Menschen gefunden. Sie sitzen jetzt in der Kajüte, Aage hat eine große Kaffeetafel gerichtet. Die beiden Studenten sind wirklich noch sehr jung, sie haben verfrorene, bebrillte Knabengesichter, Gesichter voller Kälte, Jugend, Einsamkeit und Stolz. Vielleicht glauben sie wirklich, sie seien hier, um Lachse zu markieren. Ihr größtes Erlebnis war ein Bär, der auf einer Eisscholle an ihnen vorbeigetrieben ist, vor vierzehn Tagen, vom Meer her kommend, in den Wijdefjord hinein. Sie haben nach ihren Gewehren gegriffen und ihn lange beobachtet. Mit Gewehren wissen sie umzugehen; sie schießen manchmal Schneehühner. Immerhin ist es ein Unterschied, ob man mit Schrot schießt oder mit Kugeln. Der Bär hat sie nicht wahrgenommen. Als er verschwunden war, aufgesogen von den Schatten der Berge des westlichen Ufers, haben sie ihre Blicke wieder auf das Meer gerichtet. Es blieb leer.

8

Meine Temperaturangaben sind nicht exakt gewesen: wenn die Sonne scheint, kann das Thermometer am frühen Nachmittag auf ein paar Grad über Null steigen. Aber der Boden ist, bis auf wenige Zentimeter der Oberfläche, ständig gefroren, und das Wasser neigt dazu, besonders in stillen Buchten, sich mit Eisnadeln zu überziehen, sogar bei sonnigem Wetter. Doch ist es nicht nötig, daß wir uns in Felle hüllen. Wir tragen lange Wäsche aus weicher Wolle, darüber Hosen aus festgeschlagenem Stoff, dicke Sweater, das genügt. Bei trübem, windigem Wetter ziehen wir kräftige Windjacken an; unsere wasserdichten dünnen Overalls haben wir noch nicht gebraucht. An den Füßen dicke Wollstrümpfe, darüber Gummistiefel bis zu den Knien, die sind bequem, und wir brauchen sie, weil wir immer wieder ins Boot steigen, an Land rudern, das Boot im Wasser ans Ufer schieben, an Land durch Bäche und Lagunen waten. Nur wenn sie sich auf die Bank vor dem Steuerhaus setzt, zieht Åsa einen Mantel aus Lammfell über; sie kann da stundenlang sitzen und nichts tun und manchmal sogar einschlafen. Sie trägt eine Zipfelmütze aus blauer Wolle. Über ihr sehe ich Haakon hinter der Scheibe am Steuerrad stehen, er navigiert vorsichtig, er ist ganz gesammelte Aufmerksamkeit, denn er sucht die beste Einfahrt in die Sorgbucht. Ich gehe zu ihm hinein und schlage ihm vor, die Sorgbucht auszulassen. »Gehen wir doch endlich zum Packeis!« sage ich. Wir sind alle des Herumstromerns an der Nordküste müde, wir sind jetzt verrückt danach, ans Eis zu kommen, auch der Skipper, aber er schüttelt den Kopf und sagt: »Heute nacht. Wenn es aufklart!« Åsa kommt herein und raucht eine Zigarette. Sie blickt durchs Fernglas und sagt: »Da vorne rechts am Ufer ist ein Kreuz.« »Eolus-Neset«, sagt Haakon. Während wir uns an das kleine

Hügelkap heranschieben, erzähle ich Åsa von dem Baron Nordenskiöld. »Ein schwedischer Adliger aus Finnland«, erzähle ich, »und ein Biedermeier-Beatnik. Auf dem Gymnasium stinkfaul. Unbefriedigend in allen Fächern. Weißt du, was seine Eltern machten? Sie schmissen ihn hinaus, mieteten ihm für fünf Rubel Silber ein Loch von Wohnung und überließen es ihm, seine Studien einzurichten, wie er wollte. Daraufhin wurde er Primus. Aber als Klassenkameraden körperlich gezüchtigt wurden, leitete er einen Schüleraufstand, flog endgültig von der Schule. Das war 1848. 1855 warf man ihn aus Finnland hinaus, weil er sich damit beschäftigte, die Spitzel des russischen Gouverneurs zu entlarven, und weil er das Land in öffentlicher Rede ein ›vergoldet Nest der Sklaverei‹ genannt hatte. Erst 1862 wurde seine Verbannung aufgehoben. Er kam sofort zurück und heiratete eine junge Gräfin Mannerheim. Später ärgerte er den Gouverneur des Zaren noch einmal, indem er sich um eine Professur in Helsingfors bewarb, aber seine Berufung ablehnte, als man ihm die Bedingung stellte, er dürfe sich nie wieder in politische Angelegenheiten mischen. Damals war er in Schweden schon ein berühmter Mann, hatte auch schon seine erste Spitzbergen-Expedition hinter sich. Auch in Schweden war er ein unbequemer Mann, Mitbegründer der ›Neuen liberalen Gesellschaft‹ und, obwohl er dem Adelshause angehörte, ein linker Reichstagsabgeordneter. Aber wenn er Geld für seine Expeditionen brauchte, bekam er es gerade von den Großbürgern und den Hochadligen, von Dickson und Ekman, von den Grafen Ehrensvärd, Platen und Adlersparre.« Ich möchte in eine Träumerei über das besondere Verhältnis der Skandinavier zur Freiheit verfallen, aber Åsa sagt: »Vielleicht war er ihnen in der Arktis lieber als zu Hause!« Ihre Stimme ist gereizt. Also versuche ich es andersherum. »Wenn Nordenskiöld im Winter seine Braut in Finnland besuchte«, erzähle ich, »fuhr er immer auf Schlittschuhen zu ihr, von Stockholm nach Åbo. Stell dir das mal vor, auf Schlittschuhen über die ganze Ålandssee, hin und zurück.« Jetzt strahlt Åsa. »Bei einer dieser Touren ist er dreimal hintereinander ins eisige Meer eingebrochen!« Sie strahlt. Ich habe sie für Nordenskiöld gewonnen. Sie stellt sich einen Schlittschuhläufer vor, klein und schwarz in einer Winternacht auf einer endlosen weißen Decke, mit raumgreifenden Schritten dahinfliegend, die Arme auf dem Rücken verschränkt. Da wir uns im frühen 19. Jahrhundert befinden, trägt er einen Vollbart und das Bild seiner Braut im Herzen. Haakon stoppt die Maschine. Das ist immer ein eigenartiger Moment, wenn das Geräusch, das die Maschine der ›Havella‹ macht, aufhört. Dann vernimmt man nur noch den Wind, in den sich ein Möwenschrei mischt. Etwas später läßt der Matrose das Ankerspill laufen. Es jammert die Kette hinab. Am Ufer steht jetzt nah auf seinem Hügel das Kreuz aus schweren Balken. Genau an dieser Stelle haben die beiden Schiffe des Barons Nordenskiöld vom 7. Juni bis zum 2. Juli 1861 gelegen, vom Eis eingeschlossen. Das Kreuz stand schon da, als er ankam, und verwundert las er die Inschrift, die auch wir nun lesen, nachdem wir an Land gegangen sind: *Errichtet den 26. Juni (1855) von Kapitän J. Holmgren des Schoners ›Aeolus‹ von Bergen, angekommen am 5. Juni und umringt von Eis*. Der Baron war betroffen, denn eines seiner Schiffe war eben jener ›Aeolus‹. Der alte norwegische Kapitän hat das Aeolus-Kreuz errichtet, um aus einer Ansammlung wilder nordischer Steingräber einen christlichen Gottesacker zu machen. Wir taten dasselbe, was Nordenskiöld tat, als er hier landete: *Wir stiegen zum Begräbnisplatze nieder und zählten fast dreißig Steinhügel. Sie waren länglich geformt und etwa ein und einen halben bis zwei Fuß hoch. An dem einen Ende befand sich ein kleiner Pfahl mit ein paar verrosteten Nägeln, womit eine kleine Tafel befestigt war. Wir fanden ein paar derselben auf dem Boden und lasen auf der einen:*

Hier leut begraven Michel Pieter van
Silt op t Schip de Mey Boom. Darop
Commandeur Claas Daniels Meijer.

Auf einer anderen stand:

Jacob Hans
Gestorv op Schip
de Josua
Commandeur
Jan de Ines
Anno 1730 den 26. Juni.

Die Farbe, mit welcher man die Buchstaben geschrieben, hatte das darunter befindliche Holz gegen die Witterung geschützt. Die Buchstaben erschienen daher höher als der übrige Teil der von Wind und Wetter angegriffenen Oberfläche. Hier und da lagen zerstreute Knochen neben Brettern von Särgen, deren Holz sich gut erhalten hatte – so langsam verrottet alles in diesem Lande –, auf welchem noch ein paar Baumflechten, Caloplaca cerina *und* Lecanora subfusca, *sich entwickelt hatten. Es ist offenbar, daß diese Gräber nicht aus einem Jahre, auch nicht von einem einzigen Schiffe herrühren, die Stelle wird vielmehr Jahre lang als Begräbnisplatz benutzt worden sein, in jener Zeit, als Holländer und andere Nationen zu Tausenden nach Spitzbergen auf den Walfischfang fuhren. Parry fand auf der Ostseite der Bucht eine ähnliche Tafel mit der Jahreszahl 1690. Die Stelle erschien jetzt, da ein kalter Nordwind die nackten Grabhügel fegte, als ein Bild grenzenlosen Elends. Der Beschauer glaubt sich selbst in tiefster Einsamkeit und Verlassenheit, wo keine Hülfe, kein Ausweg zu finden. Auch uns würde der ganze Anblick sicher trübe gestimmt haben, hätte nicht unsere glückliche Ankunft, hier, nahe dem 80. Breitengrade, uns mit der lebhaftesten Hoffnung erfüllt, daß unsere Wünsche in Erfüllung gehen und unsere ungehinderte Tätigkeit nunmehr beginnen werde. Wir machten über das Eis einen Ausflug zur andern Seite der Bucht nach Hecla Cove, Parrys Hafen, welcher im Norden vom Cap Crozier und dessen Quarzitberg geschützt wird.* – Nein, hier endet die Parallelität, über das Eis brauchen wir nicht zu gehen, denn heute ist die Sorgbucht eisfrei, so daß wir auf der ›Havella‹ in die Hecla Cove einlaufen. Ich halte dabei die Karte auf den Knien, die ein gewisser Mr. R. H. Foott, Kartenzeichner an Bord von His Majesty's Ship ›Hecla‹ nach den Angaben des Geographen und Leutnants Foster im Jahre 1827 von der Sorgbucht gezeichnet hat, die damals noch Treurenburg Bay hieß, weil die holländischen Seeleute des 17. Jahrhunderts fanden, der Berg, der jetzt Heclahuken heißt, sei ein trauriger Berg. Mr. Footts Karte stimmt genau. Aber sie stimmt nicht nur genau, das tun andere Karten auch (obwohl es noch immer kein so detailliertes Blatt der Sorgbucht gibt wie dieses), sondern sie ist so gezeichnet und von den Stahlstechern des Verlegers John Murray in der Albemarle Street zu London so ausgeführt, daß ich mich schlagartig wieder am Crozier Point in der Sorgbucht befinde, wenn ich sie zu Hause aufschlage, in der Originalausgabe von Captain William Edward Parrys *Narrative of an Attempt to reach the North Pole,* die leider nicht mir gehört, sondern der Zentralbibliothek zu Zürich. (Sie leiht mir das Buch manchmal ein paar Tage – es ist ein Meisterwerk klassizistischer englischer Buchkunst. Wenn ich es betrachte, seine Bodoni-Typen, den Satzspiegel, den Stand des Satzes auf der Seite, die Gravüren und Karten, so weiß ich, daß ich hundert Jahre zu spät auf die Welt gekommen bin.) Wieso besaß ich ein Blatt daraus, damals an Bord der

›Havella‹? Das verrate ich nicht. Ich habe es nicht dem Exemplar der Zürcher Zentralbibliothek entnommen, das schwöre ich. Ich besaß es – basta! Und jetzt besitze ich es nicht mehr und muß es mir leihen, wenn ich wieder zu den Quarzit-Felsen des Crozier Point hinaufsteigen will. Denn das bringt dieses Blatt fertig, daß ich alles wieder vor mir sehe: den grauen Schieferstrand, leicht geschwungen, darüber die helle Felsennadel, dahinter, nach Norden, die Ebene mit der halbmondförmigen Lagune und dem Flußgefaser, über dem der Berg Heclahuken steht, eigentlich eine Kette aus Bergen, die zu stumpfgelben Sandreißen verwittert sind. Der Himmel über ihnen öffnet sich jetzt zu einem seltsam matten, gar nicht leuchtenden Blau, während über dem ferneren Rund der Bucht, hinter dessen schwarzen niedrigen Tafelbergen man das Inland-Eis von Ny-Friesland nur vermuten kann, noch alles grau ist. Warum lassen mich Parrys Karten dies alles sehen, während schon Nordenskiölds Karte von 1864 nur einfach eine Landkarte ist, nichts weiter? Warum sind Karten bis 1830 Kunstwerke und später – mit wenigen Ausnahmen – nicht mehr? Die beiden zusammengebrochenen Holzhäuser unten am Strand stammen nicht aus Parrys Zeiten, sind von irgendeiner viel späteren Expedition errichtet worden, wahrscheinlich von der schwedischen Gradmessungs-Expedition des Jahres 1900. Jetzt sind sie nur noch Ruinen, graue Holzgerippe und Schrägen, leere Kisten und Flaschen, links von ihnen ein noch gut erhaltener Rundbau, ein kleines Observatorium. Hier muß lange Zeit kein Mensch mehr gewesen sein. Auf dem Kamm über den Häusern das Grabkreuz für einen Toten der Schröder-Stranz-Expedition von 1912. Die Geschichte dieser Expedition ist die Geschichte einer polaren Tragödie von Amateuren. Von ihren zehn Teilnehmern kehrten nur drei zurück, einer von ihnen als Wahnsinniger. Nicht weit vom Strand lag Parrys Schiff, eine

Brigg mit drei hohen Masten, deren Spanten- und Rahenwerk wie Filigran über der Bucht stand. Segelschiffe! Was hat die Welt verloren, seitdem es keine Segelschiffe mehr gibt! Wenn man es genau wissen will, muß man sich Caspar David Friedrichs *Hafen von Greifswald* ansehen. Oder einfach nur eine der Gravüren in Captain Parrys Werk. Man soll dem Vergangenen nicht nachtrauern. Ich trauere dem Vergangenen nach. Jetzt rudern eben zwei Boote von der ›Hecla‹ weg, durch eine Rinne im Eis aus der Bucht hinaus, nach Norden. Wir schreiben den 21. Juni 1827, und dies sind also Parrys berühmte Boote. Er hat sie sich eigens konstruieren und bauen lassen, aus hartem Hickory-Holz, das er mit Mackintosh's wasserdichter Leinwand umkleiden ließ. Vor allem aber kann man sie auf Kufen stellen, Schlitten aus ihnen machen, denn Parry will mit ihnen den Pol erreichen. Die Männer rudern drei Tage lang, betreten am 24. Juni das Packeis. Aus Phipps' Berichten hat Parry geschlossen, das Eis nördlich der Sieben Inseln sei eine flache Ebene; es erweist sich als eine Trümmerwüste aus gepreßtem, ineinander verschraubtem Eis. Die schweren Bootsschlitten über diese *hummocks* zu bringen, ist eine sinnlose Schinderei. Das Wetter wird schlecht, Nebel und Regen. *Am 10. Juli befanden sie sich auf 82° 33' 19". Am 14. regnete es ununterbrochen 21 Stunden lang. Zwischen dem 17. und dem 20. kamen sie nur 5 Meilen nach Norden voran. Am 22., nach einem langen und offensichtlich erfolgreichen Marsch, erreichten sie 82° 33' 5". Parrys Männer begannen zu bemerken, daß sie lange Zeit brauchten, um 83° zu erreichen. Am 23. um 7 Uhr morgens erreichten sie ihre höchste Breite, 82° 40'. An diesem extremen Punkt ihrer Reise waren sie 172 Meilen von der ›Hecla‹ entfernt.* (Sir Martin Conway, No Man's Land, Cambridge, 1906.) Parry befiehlt die Umkehr, weil er festgestellt hat, daß das Eis sie nach Süden treibt. Er hat die Eisdrift entdeckt. Es dauerte ein halbes Jahrhundert, bis andere Menschen höher in den Norden gelangten. Auch der Baron Nordenskiöld hat mit dem Gedanken gespielt, von der Sorgbucht aus den Pol zu erreichen, aber er ließ ihn fallen, verfertigte lieber die erste genaue Karte von Spitzbergen und vollbrachte später das Wunder der ersten Nordost-Passage. Nein, nicht das Wunder: die genau berechnete wissenschaftliche Leistung. Der Baron Nordenskiöld wurde nach seiner wilden Studentenzeit ein liberaler Gelehrter, Progressiver der ersten Stunde, kein Metaphysiker. Wenn man es recht bedenkt, so sind in die Eiswüste um den Pol eigentlich nur ein paar Männer eingedrungen, und nur zwischen 1827 und 1909. Parry, Nares, Greely, Nansen, der Herzog der Abruzzen, der Leutnant Cagni, schließlich Peary, der den Pol erreichte, Papanin, der sich am Pol zwei Jahre gemütlich einrichtete, jedoch mit Hilfe von Flugzeugen, was nicht mehr zählt. Auch Amundsens Notlandung im Eis, 1925, zählt nicht mehr; höchstens die Art, wie er sich daraus befreite. Danach blieb die Wüste leer. Sie wird überflogen: das gilt nicht. Die Packeisgrenze im Norden ist eine Grenze, an der wir gesagt haben: es ist genug. Es reicht uns. Jetzt liegt dort unten nicht mehr die ›Hecla‹, nur noch die ›Havella‹. Auch die ›Havella‹ sieht aus wie ein Segelschiff, aber sie ist keines mehr, sondern ein kleiner Dieselkutter. Immerhin könnte sie mit ihren Segeln noch vorankommen, wenn die Maschine einmal ausfiele. Sie ist ein einsames Schiff in einem leeren Meer. Hier ist nichts mehr los. Etwas Verlorenes ist immer um die ›Havella‹, wenn man sie von einem Berg aus in einer dieser stummen Buchten liegen sieht. Um den sandgelben Berg Heclahuken hat das Blau sich jetzt weiter ausgebreitet, eine schwimmende Temperafläche. Es ist Abend, ein sehr ruhiges Licht, weil die Sonne hinter dem grauen Himmel im Norden steht. Ich habe den Crozier Point als eine Marmorklippe in Erinnerung, obwohl er nur aus Quarzit besteht. Eine helle Marmornadel durchbricht den grauen Schieferschutt: das ist meine Erinnerung. Auf den polierten Flächen, die ins Rote, Gelbliche, Bläuliche spielen, haben sich Flechten angesiedelt, schwarze chinesische Schriftzeichen, grüne körnige Kontinente. Die schönste unter ihnen ist eine brennend rote, die Kreise bildet. Eine derart leuchtende Flechte habe ich noch nirgends gesehen. Ich weiß ihren Namen nicht. Es ist eine Schande, daß ich über Flechten so gut wie nichts weiß. Ich weiß nur, daß sie Doppelpflanzen sind, symbiotisch lebende Pilze und Algen. Pilze setzen sich auf Steinen an, sammeln Wasser, in dem dann Algen entstehen, die durch Photosynthese sich selber und die Pilze ernähren. Sie wachsen extrem langsam, durch Jahrhunderte. Es ist möglich, daß Captain Parry dieselbe Flechte betrachtet hat wie ich, wenn er am Abend auf dem Crozier Point spazierenging. Ein brennendes Rot vor einem Horizont aus Eis. Die letzte glühende Laterne vor dem Pol. Mag sein, daß sie ihn für einen Augenblick ungeduldig gemacht hat. Da unten lag sein Schiff, fein in Stahl graviert. Manchmal nützt es nichts, etwas anzuschauen, das Jahrhunderte braucht. Eine so rote Flechte ist in erster Linie rot, dann erst eine Flechte.

9

Ein graues Meer, ein grauer Himmel, als wir die Sorgbucht verlassen. Der Wind, der aus der Hinloopenstraße, diesem Wetterloch, nach Norden fegt, ist so kalt, daß er uns ins Steuerhaus zurückjagt. Bald wird er nasse Nebelwände vor die Küste des Nordostlandes ziehen, aber noch ist sie zu sehen, flach und felsenblau, und wir können raten, ob wir ins Eis- und Inselgespinst der Murchison-Bai hineinschauen – dort soll es ein Kartographenlager geben, denn vom Nordostland gibt es

Ausschnitt aus dem Walroß- und Robben-›Friedhof‹ auf der Insel Moffen

Mushamna (›Muys haven‹), Naturhafen am Ostufer des Woodfjords. Blick nach Süden, auf die Gebirgsgruppen von Haakon-VII-Land

Mushamna (›Muys haven‹), Blick nach Osten, auf den Dachstein, 700 m, und andere Berge des nördlichen Andrée-Landes

Möwenpulk unter der Valhallfonna. In der Valhallfonna bricht das Inland-Eis von Ny-Friesland zur Hinloopen-Straße ab, die Westspitzbergen vom Nordostland trennt

Frisch ausgeschlüpftes Junges der Eiderente (Somateria mollissima)

Eisbär, flüchtend

Bärin mit zwei Jungen im Gebiet der Sieben Inseln

Sattelrobbe (Pagophilus groenlandicus) an der Packeisgrenze

Walroß (Odobenus rosmarus) im Gebiet der Sieben Inseln

Die ›Havella‹ nähert sich der Packeisgrenze

Eines der Häuser und ein Boot einer englischen Bergwerks-Expedition, Calypso-Bai, Bellsund

Blick aus dem Gebiet der Sieben Inseln nach Süden, auf das Nordufer von Nordostland

Im Archipel der Sieben Inseln. Blick von Süden auf Parry- und Martens-Insel

Die Nordspitze der Phipps-Insel

Das Südkap der Parry-Insel

Die Insel Nelson's Hat und die Martens-Insel

noch keine genauen Karten – oder am Kap Hudson rechts vorbei in den Lady-Franklin-Fjord. Wieder einmal erbauen wir uns an geographischen Wörtern, singen die Namen aus, als wüßten wir nicht, daß es sich um unbekannte und namenlose Buchten und Landspitzen handelt. Nach einiger Zeit sind sie verschwunden, und nun gäbe es ohne die ›Havella‹ nur noch diese Welt aus Dunst und Kälte. Aber es gibt die ›Havella‹, die hohe Senkrechte ihres Großmastes, ihre mit einem Zirkel gezogenen, aufeinander zulaufenden Buglinien. *Denn ich sah wohl, daß, ein Dreieck angenommen, seine drei Winkel zwei Rechten gleich sein mußten, aber ich sah darum noch keinen Beweis, daß es in der Welt ein Dreieck gäbe, während ich bei der Idee eines vollkommenen Wesens, auf deren Prüfung ich wieder zurückkam, fand, daß in dieser Idee die Existenz ganz ebenso liegt als in der Idee eines Dreiecks, daß seine drei Winkel gleich zwei Rechten sind, oder in der einer Kreislinie, daß alle ihre Teile gleich weit von ihrem Zentrum abstehen; oder sogar noch einleuchtender. Folglich ist der Satz, daß Gott als dieses so vollkommene Wesen ist oder existiert, mindestens ebenso sicher, als ein geometrischer Beweis es nur irgend sein kann.* Der Gottesbeweis Descartes', auf den wir blickten, den wir hier möglicherweise nötig hatten, war 1952 von einem Mann namens Bjarne Aas in Fredrikstad in Norwegen entworfen worden. Die Wettervorhersagen seien günstig, hatte Haakon Godtlibsen gesagt und die ›Havella‹ klarmachen lassen, als wir von Croziers Marmorberg zurückkehrten. Wir zweifeln an den Orakeln von der Bären-Insel und Hopen Island. Das Wetter ist schlecht. Wir haben die Sonnentage an der Nordküste verbummelt. Haakon rät uns, eine Mütze voll Schlaf zu nehmen, nachher kämen wir kaum noch zum Schlafen. Wir ahnen nicht, was er mit *nachher* meint. Es ist Mitternacht. Als Alf Ohlsen uns weckt, ist es acht Uhr morgens. Immer noch offenes Wasser und die gleiche graue Luft. Der Wind hat gedreht; er kommt jetzt von Norden und treibt einzelne Schneeflocken vor sich her. Haakon und Alf, der ihn abgelöst hat, haben das Schiff in einer geraden Linie nach Nordnordost gebracht. Wir müssen uns halbwegs zwischen dem 80. und dem 81. Breitengrad befinden. Gegen Mittag kommt das erste Treibeisfeld in Sicht. Das Schiff berührt es in Begleitung mehrerer Eissturmvögel. Jetzt taucht auch der Skipper wieder auf; der stumme Matrose und der Koch setzen sich ins Steuerhaus; nur der Maschinist bleibt unsichtbar. Haakon übernimmt das Ruder, während Alf, zum erstenmal auf dieser Reise, zum Krähennest hinaufklettert. Es muß furchtbar kalt sein dort oben. Das Eis besteht aus großen, flachen Schollen und aus kleinen Eisbergen. Es treibt ziemlich schnell nach Süden, im Rhythmus des Windes, in dessen angespannten Muskeln nun der Schnee waagrecht dahinjagt. Eine Weile kann der Skipper die ›Havella‹ noch zwischen den Schollen hindurchführen, dann kommen sie so dicht, daß es keinen Sinn mehr hat, ihnen auszuweichen. Alf gibt durch ein Bordtelefon von oben Steueranweisungen, sortiert offenbar dünneres und dickeres Material. Wenn es gar nicht mehr anders geht, läßt Haakon die ›Havella‹ das Eis direkt angehen, ihr Bug hebt sich, bis ihr Gewicht und ihr Stahlschild die Scholle, die oft so ausgedehnt ist wie ein kleines Feld, zerbrechen. Dann öffnet sich eine Wasserrinne, zwischen deren Flanken die Sturmvögel dem Schiff vorauseilen; ihre Flügel bilden flache Hyperbeln auf der Achse eines Kegelschnitts im Unendlichen. Den Eisbergen geht Haakon sorgfältig aus dem Weg, die höchsten unter ihnen sind doppelt so hoch wie der Rumpf der ›Havella‹, also nicht sehr groß, aber sie bestehen aus ineinandergestauchten Eisplatten, die das Wasser noch nicht abgeschliffen hat. Sie bilden keine homogenen Massen wie die berühmten Eisberge Ostgrönlands, sondern scharfe, harte Skulpturen aus zusammengeschweißten Metallstücken. Tafeln von flachem Eisland also oder die Abbrüche der gefürchteten *hummocks,* umhüllt von den Schleiern der Windsbräute, in denen der Schnee sich fing, und ein absolutes Grau – sie trieben an uns vorbei nach Süden, denn diese Bewegung war auszumachen, wenn es einem *Fulmarus glacialis* für einen Augenblick gelang, in der Luft stehenzubleiben, wenn er sich in ihr verhakte, an ihr hängenblieb, ein stumpfer Keil mit herausgeklappten Handschwingen. Zwischen den Treibeisfeldern gab es auch eisfreie Zonen, in denen das Meer zeigte, daß es eigentlich schildpattfarben war, ein Schild aus Horn, aber dann kamen wieder die Stücke Eiswasens, grünblau an ihren Rändern unter dem Wasserspiegel, dann kehrte das Geräusch zurück, mit dem sich das Schiff an ihnen rieb. Als es wieder einmal verstummte, als die See beinahe ölig war, der Wind aufhörte und sich in das Grau des Raums zum erstenmal eine andere Farbe mischte, eine Art von Isabellen-Helligkeit, als wir in unserer Unkenntnis vermuteten, wir hätten nun wieder ein großes Gebiet freien Ozeans vor uns, genau in dieser toten Stunde, um vier Uhr am Nachmittag, rief Alf vom Mastkorb aus die Grenze des festen Eises aus. Der Skipper drosselte sogleich die Maschine. Leise, auf Zehenspitzen, und ohne ein Wort zu sprechen, näherten wir uns.

10

Das Meer war an der Packeisgrenze so glatt wie ein Binnensee, und die Wände aus grauer steinerner Luft verwandelten sich über ihm zu Wolkendunst, der sich frei bewegte, von keinem Wind mehr getrieben. Neben dem Schiff tauchten die schwarzen glänzenden Köpfe von Kugelrobben auf. In dieser Durchsichtigkeit erkannten wir, daß die Grenze ein wildes Eistrümmerfeld war; erst in der Ferne schien sie zu sein, was wir uns vorgestellt hatten: eine glatte weiße Wüste. Doch hier eine Küste aus steilen Spitzen, schrägen Tafeln, Kanten, Verkrustetem, weißem Schorf über einer blauen Wunde. Als Alf an einer flachen Stelle den Eisanker festmachte, war es Åsa allein, die ihm folgte. Sie wollte Aufnahmen von der ›Havella‹ machen, vom Eis aus, festhalten, wie es aussieht, wenn das Schiff sich dem Eis nähert. So löste Alf den Anker wieder und kehrte auf Deck zurück. Åsa sah ihn, wie er den Großmast enterte, während Haakon das Schiff vom Ufer wegholte und es dann wieder langsam und fast lautlos heranführte. Åsa gab ihm ein paarmal Zeichen, das Manöver zu wiederholen; sie photographierte die ›Havella‹ aus der Perspektive der Eisküste, was ihr hinsichtlich der Tiefenschärfe einige Sorgen bereitete, und als sie genug hatte, winkte sie ab und machte einen Spaziergang. Ich bin sicher, daß sie in erster Linie diesen Spaziergang im Sinn hatte, als sie hinter Alf aufs Eis sprang. Sie verlor fast sofort die Orientierung. Die Wände des Mondgebirges, in dem sie sich bewegte, waren ungefähr doppelt so hoch wie sie, aber das genügte ja, sie vollkommen einzuschließen. Sie tastete sich an immer neuen Eispressungen vorbei, in immer neue Couloirs, bis sie stehenblieb, weil sie erkannte, daß sie verloren war, wenn sie weiterging. Dieses Labyrinth war eigens für sie ersonnen worden. Jetzt muß Haakon sein Horn ertönen lassen, dachte sie, und kurz darauf hörte sie wirklich zwar nicht das Horn, aber die Decksglocke der ›Havella‹, doch war es ihr unmöglich, festzustellen, aus welcher Richtung die Töne kamen. Wenn ich nur ein Gewehr dabei hätte, dachte sie erbittert. Zwischen den Glockensignalen war das Schweigen des Mondgebirges besonders unerträglich. Åsa ging noch ein paar Schritte bis zu einer blauen Wake, kniete sich hin und trank von dem süßen Wasser. Es erfrischte sie. Als sie sich aufrichtete, erblickte sie zwischen zwei Eiskonturen die Spitze des Großmastes der ›Havella‹. Sie verschwand gleich wieder, aber Asa ging entschlossen und vorsichtig in die Richtung des Zeichens. Haakon warf ihr einen kurzen Blick zu, als sie ins Steuerhaus eintrat. Dieser Blick war nicht grimmig, nur prüfend, und aus ihm las Åsa, daß Haakon wußte, was ihr zugestoßen war.

11

Als die Dünste sich schließlich endgültig auflösten, als sich nur noch ein feiner Schleier zwischen der Sonne und dem Meer hielt, sahen wir, daß wir uns in einer Bucht des Packeises befanden, deren östliches Ufer jenes Eistrümmerfeld bildete, während sich im Westen eine Ebene in den grenzenlosen Norden verlor. Über sie hin wanderte ein Bär. Alf entdeckte ihn in seinem Fernglas, und auch wir konnten ihn erst sehen, als wir unsere Gläser zu Hilfe nahmen. In weiter Ferne ging der Bär nach Norden. Die teleskopische Brennweite der Objektive machte die Ebene, auf der er ging, zur weißen Wand. Er wanderte langsam, jedenfalls kam uns in dieser Entfernung seine Bewegung langsam vor, obwohl seine Schritte sicherlich mächtig und raumgreifend waren. Er verschwand hinter Eishügeln, tauchte wieder auf. Manchmal witterte er und gähnte, dann tappte er weiter. Sein Kopf war ein schlanker Keil, waagrecht nach vorn geschoben. Das ganze Tier war ein einziger Keil, auf irgendein Ziel gerichtet, das wir nicht erkennen konnten. Wir sahen nur einen Horizont aus ungeheurer Einsamkeit. Nach einer halben Stunde war der Bär nur noch ein Punkt, und wir konnten vor Müdigkeit in den Armen nicht mehr die Gläser halten. Inzwischen war die Sonne erschienen, durch hohe Wolken gefiltert. Wir lagen in einer Bucht, und die Sonne beschien die Treibeisfelder im Süden, die jetzt auch still dalagen, goldenes Zeug.

12

Von der Stunde an, in der das Wetter schön wurde, habe ich mein Zeitgefühl verloren, und infolgedessen die Erinnerung daran, wann dies oder jenes stattfand, wo wir uns jeweils am Tage oder in der Nacht befanden. Zum Beispiel weiß ich nicht mehr, ob wir die folgende Nacht in jener Eisbucht verbrachten oder ob wir sogleich aufbrachen, um die Packeisgrenze nach Osten zu erkunden. Es gab ja keine Nacht mehr, nur dieses im Kreis wandernde Licht, so daß ich höchstens sagen kann, es muß Mitternacht gewesen sein, wenn die glosende rote Scheibe im Norden die Küste des Nordostlandes ausleuchtete, oder Morgen, wenn das Gegenlicht aus dem Kap Rubin eine blaue Wand über dem Beverly-Sund machte. Denn da nun wieder das klarste Wetter herrschte, lag die Küste im Süden vor unseren Augen und zwischen ihr und dem festen Eis das Treibeismeer. Ich habe drei Grundkonstellationen seiner farbigen Erscheinung festgestellt. Bei grauem Eisenhimmel war sein Wasser schieferblau, der Schnee seiner Schollen reflexionslos, tot. Wenn man sich nach Norden wandte, wo kein Land mehr zu sehen war, ergaben diese Farben, projiziert auf eine Endlosigkeit, die Metapher der absoluten Leere. In einer solchen Welt konnten nicht einmal Schatten leben, und merkwürdigerweise tauchten aus dem Meer, wenn es von dieser Beschaffenheit war, auch keine Tiere auf. Auch Tiere spüren wohl, ob die Welt gestorben ist oder ob sie noch lebt. In größtem Gegensatz dazu entstand das Bild des arktischen Ozeans, wenn das Firmament einen Zustand höchster Reinheit erreichte. Dann wurden das Blau des Himmels und das Blau des Wassers sich völlig gleich; in dem gleichen durchsichtigen Hellblau, das nur am oberen und unteren Rand sich dunkler färbte, umflossen sie die Konturen strahlender Schnee-Archipele. In solchen Stunden mochte es auch geschehen, daß am nördlichen Horizont der Eisblink aufleuchtete, der Widerschein großer Eisfelder in den Abgründen des Himmels. Doch am seltsamsten illuminierte sich das Meer, wenn eine sehr hohe Wolkendecke über ihm sich langsam auflöste und durch den Stratokumulus das Licht in gebündelten Strahlen drang; dann spielte das Wasser in allen Tönungen zwischen seidigem Oliv und reinem Gold, während die Treibeistafeln, die es umgab, doch in einem kalten, bläulichen Weiß verharrten, in einer Art von Waschblau. Dieser Gegensatz zwischen einem erregten und einem kühlen Grundton versetzte uns in Spannung; er spiegelte die Dialektik der Erde an ihrer extremen Grenze. Ich weigere mich übrigens, solche Phänomene des Spektrums, wie ich sie hier berichte, als Stimmungen zu bezeichnen; es handelte sich nicht um Stimmungen, durch die wir fuhren, sondern um objektive farbige Tatbestände, um meßbare Ergebnisse aus Frequenzen und Wellenlängen weißen Lichts. Wenn wir genug hatten von Farben, genug auch von jenem Weiß, in dem sie sich trafen und auflösten, richteten wir unsere Blicke auf einige schwarze Tafeln in der Form von Trapezen, die im Osten und Norden aufgerichtet waren, als Zeichen dafür, daß es auch Welten ohne Licht gibt. Entlang der Packeisgrenze näherten wir uns den Sieben Inseln, als wüßten wir, daß in solchen Monolithen der Finsternis und der Reflexion auch aller Schein und Widerschein endet: dieser ganze von Farben, von Licht schwätzende, redende, singende Stern.

13

Mit Hilfe der Herren Peterson, Mountfort und Hollom war es mir ein leichtes festzustellen, daß es vor allem die kleinsten Alkenarten waren, die sich an der Packeisgrenze aufhielten: Krabbentaucher und Gryllteiste. Ich weiß nicht, was uns antreibt, nach Namen zu suchen, wenn wir Tiere, Pflanzen, Flüsse oder Berge, Menschen oder Häuser erblicken; da dieser Frage ganze Philosophien gewidmet worden sind, will ich sie gleich wieder fallenlassen. Zum Beispiel hätte es ja genügt, würde ich von kleinen schwarzen Vögeln gesprochen haben, die im Meer neben der Eisgrenze schwammen, aber erstens einmal muß ich an Ornithologen denken, die vielleicht dieses Buch lesen und die es möglicherweise interessiert, daß wir in der Nähe des 81. Breitengrades nur noch die kleineren Alkenarten antrafen, nicht aber Tordalken oder Lummen; zweitens jedoch eignet den meisten Namen ein onomatopoetischer Reiz, dem ich nicht widerstehen kann. In Wörtern wie *Krabbentaucher* oder *Gryllteiste* lebt die Essenz des Nordens, und wenn ich die Namen, die man diesen Vögeln in verschiedenen Sprachen gegeben hat, untereinander schreibe, etwa so:

krabbentaucher
plautus alle
alkekonge
little auk
black guillemot
spitsbergenteist
uria grylle
gryllteist

dann habe ich ein fertiges Gedicht über den Norden, über schwarzes Geflatter in einer grenzenlosen und kalten Einöde. Unzweifelhaft sind alle Menschen, die den Dingen Namen gaben, große Dichter gewesen. Überhaupt sind alle Menschen Dichter ..., doch lassen wir das! In dieser Welt, die so groß war, daß der Blick in ihr den Raum zweier Breitengrade ausmessen konnte, wirkten die kleinen schwarzen Vögel besonders klein, geradezu winzig im Vergleich zu den Schmarotzer-Raubmöwen oder den Elfenbeinmöwen, die ihre weißen Flüge über ihr dunkles Wasser-Dasein warfen. Sie, die Teiste und Taucher, fierten nur selten auf, fielen schnell wieder in den flüssigen Spiegel ein, mit gespreizten Füßen und leisen, seglerartigen Rufen. Die Krabbentaucher waren weiß an ihrer Unterseite, und die Gryllteiste trugen weiße Rauten auf ihren Flügeln, aber davon abgesehen waren sie schwarz. Sie lebten in Gruppen. Ich habe sie niemals auf dem Eis stehen sehen, immer nur auf dem Wasser schwimmen. Sie machten das Wasser neben dem Eis zu etwas Lebendigem, zu einem dunklen Paradies.

14

Die Meermenschen, die großen Sattelrobben, lagerten als Standbilder auf dem Eis. Es konnte geschehen, daß sich zwei gegenüberlagen, nur durch einen Wasserarm voneinander getrennt, Wächtern gleich, die den Eingang ins Nichts bewachten. Ihre Körper waren gelblichweiß bis bräunlich, ihre Gesichter schwarz. Sie waren scheu, speicherten wohl in ihrem Gedächtnis Ideogramme für Dinge wie *Schiff* oder *Mensch,* hatten ihre Erfahrungen, so daß sie sich, wenn die ›Havella‹ sich ihnen näherte, hochkrümmten und über den Eisrand blitzschnell ins Wasser warfen. Sie waren die östlichsten Vorposten der großen Herde des Westeises, die auf 750000 Robben geschätzt wird. Die Jungen der Westeis-Herde kommen auf dem Treibeis östlich von Grönland und nördlich der Insel Jan Mayen zur Welt. Dort werden jährlich etwa 40000 Robben getötet, meist Jungtiere. Die Jagd. Der Jagdinstinkt. Vielleicht, weil die Sattelrobben so scheu geworden sind, konnte Alf Ohlsen sich nicht mehr bezähmen und nahm sein Gewehr aus der Waffenkiste im Vorschiff. Die Robbe lag auf einer Scholle im Süden, in etwa zweihundert Meter Entfernung. Die Jagd auf Robben oder Wörter. Ich hätte Alf hindern können zu schießen, aber ich habe es nicht getan. Nachdem der Schuß gefallen war, der nicht laut klang, eher hohl, richtete die Robbe sich auf und stürzte sich ins Wasser. Als die ›Havella‹ die Scholle erreichte, auf der sie gelegen hatte, sahen wir auf dem Eis einen Blutfleck, und auch das Wasser an seinem Rand war rot von Blut, aber die Robbe blieb verschwunden. Alfs Gesicht wurde düster. Angeschossene, blutende Robben und Wörter. Er hat auf dieser Reise nicht mehr zum Gewehr gegriffen. Möglich übrigens, daß er mich für seinen Fehlschuß verantwortlich machte, denn ich war es, der verhinderte, daß aus unserer Expedition eine Jagdexpedition wurde, so daß er den einzigen Schuß, zu dem er schließlich kam, verpatzte. Ja, durchaus möglich, daß Alf Ohlsen lieber mit Jägern reiste, mit den Männern aus Wisconsin, anstatt mit Leuten, die sich alles nur ansahen. Er wollte nichts Schlechtes, nichts, was nicht weidmännisch gewesen wäre, niemals würde er auf ein Tier schießen, das sich dem Schiff zutraulich näherte. Aber er wollte die Beute. Als er das Gewehr an die Schulter hob, war ich überrumpelt, doch schon als er zielte, wollte ich ihm zurufen, er möge das sein lassen; sehr schnell, aber ganz deutlich, wurde ich mir darüber klar, daß mich kein Schauer überrieselte; die alten Mythen der Jagd mochten für andere da sein, nicht für mich; ich wohnte nur einer Hinrichtung bei. Dennoch nähre ich Alf Ohlsen gegenüber kein Gefühl moralischer Überlegenheit. Die Träume von zwanzig Generationen seiner Vorfahren sind Jagd-Träume gewesen. Der Traum der Menschheit ist der Traum von einer großen Beute. Doch lebte ich, als ich Alf Ohlsen zusah, wie er die seine anvisierte, nicht in seinem Traum, sondern in dem einer großen Sattelrobbe. Zweifellos war sie in dieser Stunde vollkommen glücklich. Sie war voll Körperwärme, aber ihre Speckschicht war so dick, daß das Eis unter ihr nicht schmolz. Der arktische Sommer stand über ihr, windstill und blau. Kleine schwarze Wesen, die fliegen konnten, die sie also niemals begriff, spielten neben ihr im Wasser. Sie schlief. Ihre Augen waren groß und rund und schwarz, und die Küste von Nordostland spiegelte sich in ihnen, aber sie schlief. Sie träumte von ihrer Kindheit. Sie trug ein weißes Fell. Sie lag sehr klein und weiß auf einer Scholle, die auf eine Insel zu trieb. Die Insel war von Wolken verhangen, aber einmal öffneten sich die Wolken, und sie erblickte einen riesigen Berg. Aus der Spitze des Berges brach ein rotes, flackerndes Licht. Die Robbe hat nur zweimal in ihrem Leben Feuer gesehen, einmal, als sie noch ein weißes Kind war, das andere Mal, als sie wieder davon träumte, in dem Augenblick, als das Feuer aus Alfs Gewehr in sie fuhr. Robben träumen niemals vom Tod, außer wenn er sie trifft.

15

Die Grenze des Packeises reichte in diesem Jahr bis zur Südspitze der Parry-Insel. Nur die Walden-Insel und die kleine Insel Nelson's Hat, welche wirklich die Form eines altertümlichen Zweispitzes hat, waren von Wasser umgeben. Die Parry-, die

Martens- und die Phipps-Insel hingegen sowie die beiden Tafel-Inseln im Norden waren von Eis eingeschlossen. Die drei ersteren sind die größten der Sieben Inseln, und sie liegen so dicht beisammen, daß sie aus einiger Entfernung den Eindruck eines zusammenhängenden kleinen Kontinents machen. Ihre alten Berge sind zu Plateaus abgeschliffen, welche Felder aus ewigem Schnee tragen; nur nach Norden hin ragen noch flache Pyramiden bis über vierhundert Meter Höhe hinauf. Zwischen den Bergen, den Hochebenen, ist manchmal Platz für ein Stück Flachland. Obwohl die Berge hier aus dem gleichen Gestein bestehen wie diejenigen des Liefdefjords, aus mit Schiefer vermengtem Granit, gibt es in dieser Landschaft nichts Steiles, Spitzes, Schroffes. Wir sind im Kambrium. Auch die Küste von Nordostland, die jetzt blau und tief im Süden liegt, ist ein kambrischer Horizont, hinter dem man die Fläche des Inlandeises ahnt; unter ihr endet die kaledonische Faltung, lagern ruhig und ausgestreckt die Sedimente. Aus der Ferne und bei schönem Wetter sind die Sieben Inseln blau und durchsichtig. Nähert man sich ihnen, so können ihre südlichen Flanken, wenn die Sonne sie bestreicht, die Farbe von Elefantenhaut annehmen, grau, mit einem Stich ins Blonde. Aber in jeder anderen Beleuchtung wirken ihre Wände schwarz. Als zwei schwarze Segel stehen die Tafelberge im Norden über dem weißen Ozean. Ich erinnere mich daran, daß Parry 1827 die Tafel-Inseln eisfrei fand und dort ein Depot anlegte, ehe er seinen Vorstoß ins Innere der Pol-Wüste unternahm. Er ließ seine Bootsschlitten bei 81° 12′ 51″ aufs Packeis ziehen, während wir bei 80° 45′ verharren müssen. Nicht ohne Neid blicke ich Parry nach, wie er weiter gen Norden wandert. Er wird sich sechs Wochen jenseits der Grenze aufhalten, als deren schwarze Landmarken die beiden Tafel-Inseln gelten können. Nach ihm wird niemals wieder jemand das Gebiet nördlich der Sieben Inseln betreten.

Zwischen der nördlichen Tafel-Insel, Parrys *Little Tablet Island,* und der Phipps-Insel liegt ein Strich des nordöstlichen Horizontes. Dort, in großer Entfernung, zwischen dem 60. und dem 70. Längengrad, nur noch zweihundert nautische Meilen vom Pol entfernt, erblicke ich Nansen und Johannsen. Nein, ich werde jetzt nicht die Geschichte der größten physischen Leistung nacherzählen, die Menschen jemals vollbracht haben. (Ich nehme vom Vergleich aus, was der menschliche Körper in Gefängnissen und Folterkammern ertragen hat und immer noch erträgt.) Nansen hat sein und Johannsens Leben im März 1895 bis zum Mai 1896 zwischen dem 86. und dem 80. Breitengrad selbst erzählt. Sein Bericht handelt vom Wohnen in extremen Lagen, ist das Dokument eines Gangs jenseits der Grenze. Im Gegensatz zu Scotts knapper Todesmeldung vom Südpol ist Nansens Tagebuch ein Bericht vom Über-Leben. Jemand, den kein Verdacht auf Mythenbildung treffen kann, der Direktor der *Royal Geographical Society,* Lawrence Kirwan, entwirft in seiner *History of Polar Exploration* das folgende Bild von Nansen: *Dieser riesige blonde Skandinavier überragte in Wagemut, Ausdauer und intellektueller Statur alle Arktisforscher. Er war, nach Ausbildung und Neigung, ein Wissenschaftler, ein Zoologe, der sich später der Ozeanographie, der Mathematik, der Astronomie und manch anderem zuwandte, und ein Wissenschaftler blieb Nansen sein ganzes Leben, auch als er sich in späteren Jahren die Last schwerer nationaler und internationaler Verpflichtungen auflud. In einem bestimmten Sinne war er auch ein Abenteurer, der Entdeckungen nicht nur ihrer Spannung wegen, und weil sie den Wunsch nach physischer Leistung befriedigten, liebte, sondern weil er, wie Ibsen, den er schrankenlos bewunderte, überzeugt war, daß der Schlüssel zum Schicksal des Menschen in der Persönlichkeit liegt, darin, daß er individuellen Charakter entwickelt, und daß der Mensch nur im Schweigen und in der Einsamkeit der Wildnis, allein mit der*

Natur, hoffen kann, sich selbst zu entdecken. Ohne Zweifel gibt es ein Element von Eskapismus in dieser die Seele suchenden nordischen Haltung, und in der Tat war Flucht für Nansen eine Notwendigkeit. Wissenschaft allein war nicht genug; sie war ihm zu kalt, sagte er. Aber in der Arktis, schrieb Nansen, »fand ich das große Abenteuer des Eises, tief und rein wie die Unendlichkeit, die schweigende Sternennacht, die Tiefen der Natur selbst, die Fülle des Lebensgeheimnisses, das ewige Kreisen des Universums und seinen ewigen Tod«. Nur in der Arktis konnte Nansen sich von den düsteren Vorstellungen, von den Zweifeln und Ängsten befreien, mit denen er in der ruhelosen, chaotischen zivilisierten Welt dauernd beschäftigt war. Noch immer wandern Nansen und Johannsen, zwei sanfte Riesen, auf dem Eis nach Süden. Ich habe sie gesehen, zwei kleine schwarze Punkte, auf dem Horizontstrich zwischen der kleinen Tafel-Insel und der Phipps-Insel. Sie bewegten sich in Richtung des Franz-Joseph-Landes, und ich wußte, daß sie dort ihren berühmten Winterschlaf halten würden, ehe sie wieder aufbrachen, im nächsten Frühling. In alle Ewigkeit gehen Nansen und Johannsen vom 86. zum 80. Breitengrad, denn nach ihnen war niemand mehr dort, wo sie waren. Die Bedeutung von Nansen, Parry und einigen anderen liegt darin, daß sie, indem sie ein paar historische Augenblicke lang die Grenze überschritten, gezeigt haben, wie unverletzbar der Raum jenseits der Grenze in Wirklichkeit ist. Sie haben kein Tabu gebrochen. Sie wollten in das letzte Geheimnis der Erde eindringen, gewiß, aber als sie feststellten, daß es aus einer weißen Endlosigkeit bestand und aus nichts sonst, daß es so wenig enthielt wie eine Cella, zogen sie sich schweigend zurück. Sie vergaßen, ihre Uhren aufzuziehen. Sie lagen in ihren Schlafsäcken und sahen den Nordlichtern zu. Dies waren Reisen, die alle Reisen beendeten. Nansen ging später zu den Hungernden an der Wolga, half den Flüchtlingen der Erde, maß die Tiefe von Ozeanen.

Manchmal noch näherte er sich der Grenze, sah sie vor sich liegen, überschritt sie aber nicht mehr. Parry träumte weiter seinen Traum vom Pol, schrieb jedoch religiöse Traktate und leitete ein Hospital in London. Sie hatten genug gesehen. Auch ich habe genug gesehen. Der Himmel über der weißen Wüste ist jetzt graublau. Dort in der Ferne noch diese letzte schwarze Insel, dann nichts mehr. Zwischen dem Schneeland und dem Opalmeer ist die Grenze genau eingetragen, eine da und dort gebrochene Linie. Sie phosphoresziert.

16

Im Weichbild der Sieben Inseln sahen wir den Bären zu. Sie traten auf wie Schauspieler oder Artisten, lösten sich ab, gaben Nummern, ein Programm, vor einem Rundhorizont. Beispielsweise sahen wir einen, der, auf dem Eis westlich der Phipps-Insel, vor einer hochaufgerichteten weißen Rückwand agierte wie vor einer Bühnendekoration: er schritt vor ihr auf und ab, verschwand hinter ihr, betrat dann wieder die Bühne in seinem gelben Kostüm. Der Sommerpelz der Eisbären ist nicht weiß, sondern gelblich. Dieser Bär wirkte besonders gelb, weil die Eisplatte hinter ihm aus irgendwelchen optisch-physikalischen Gründen so weiß war wie nur möglich. Sie war asymmetrisch zugeschnitten, weiß auf das Weiß der Ebene im Norden geklebt, eine monochrome Collage. (War Ben Nicholson hier gewesen?) Manchmal richtete der Bär sich an ihr auf, stand eine Weile mit den Pfoten an sie gelehnt, mit dem Rükken zu uns; es sah aus, als monologisiere er oder als verrichte er ein Gebet vor diesem Altar, aber wahrscheinlich schärfte er nur seine Krallen an dem blanken Eis; die Szene war so weit entfernt, daß wir auch mit den Gläsern nicht genau ausmachen konnten, was er dort trieb. Wahrscheinlich hatte er im Sonnenfang der Platte gelegen und geschlafen, war aufgewacht, als er das Geräusch der Schiffsmaschine hörte, konnte sich aber von der Platte nicht trennen, die ihm Ruhe und Wärme bot. Wir erwogen, ob wir ihn anlocken sollten, indem wir Robbenspeck anzündeten, wurden jedoch vom Anblick eines anderen Eisbären abgelenkt, der, viel näher als jener im Norden, auf einer Treibeisscholle im Süden stand. Er glotzte uns so lange an, bis ihm jemand soufflierte, er solle sich ins Wasser stürzen. Obwohl er schnell schwimmen konnte, holten wir ihn in wenigen Minuten ein. Zum erstenmal sahen wir aus nächster Nähe ein starkes Raubtier in der freien Wildnis. Es scheint manchmal, als könne man sich heutzutage solche Bilder nach Belieben bestellen, doch handelt es sich dabei um einen Trugschluß, dem wir verfallen, weil die afrikanischen Großkatzen es uns gestatten, daß wir uns ihnen nähern, in gewissen Wildreservaten. Jedoch sind der Königstiger und der schwarze Panther Indiens, der amerikanische Jaguar, der sibirische Wolf und der arktische Bär noch immer verborgene Tiere, die nur von dem Jäger, Forscher oder Seemann aufgefunden werden können und jederzeit entschlossen sind, in den Raum auszuweichen, wenn sie den Menschen begegnen. Besonders dem *Thalassarctos maritimus* steht ja ein Gebiet zur Verfügung, in dem er sich den Blicken selbst der in der Randzone auf ihn Jagd machenden Patrouillen vollständig entziehen kann. Den Reise-Unternehmern vollends könnte er nicht zur Bilder-Ware dienen. Haakon Godtlibsen drückte diesen Tatbestand in einem Kopfschütteln und in dem Satz aus, wir hätten ein unverschämtes Glück, mit dem Wetter sowohl wie mit den Bären. Er drosselte die Geschwindigkeit der ›Havella‹, so daß sie dem Tier nur eben auf den Fersen blieb. Wenn sie es dennoch manchmal zu überholen drohte, so schlug es einen Haken, der Haakon zwang, auch die

Blick nach Norden über das Packeis auf die Große und die Kleine Tafel-Insel, die nördlichsten der Sieben Inseln

Eislandschaft

Eislandschaft

Haus des Jägers Hilmar Nøis am Ufer des Sassen-Tals. Innerer Eisfjord

Packeis-Grenze. Typischer Verlauf der Grenze eines Trümmerfeldes, bestehend aus Eisverschraubungen und ›hummocks‹

Packeis-Grenze, Detail

Packeis-Kante, Detail

Schmelzendes Eis über dunklem Eismeer

›Havella‹ zu wenden. So viele Bären wir auch bei den Sieben Inseln getroffen haben, wir sahen sie niemals anders als auf der Flucht, also von hinten, auch wenn sie im Wasser ihre schlanken Köpfe zu uns umwandten. Wir besprachen, ob es möglich sei, den Bären frontal zu stellen, damit wir Bilder von ihm erhielten, die ihn von vorne zeigten. Wie wäre es, fragte ich, wenn wir das Boot zu Wasser ließen, um mit seiner Hilfe, etwa wenn der Bär auf seiner Flucht eine Scholle überquerte, an deren anderer Seite aufzutauchen, ihm den Weg abzuschneiden? Dies sei natürlich möglich, erwiderte Alf, aber in seiner Stimme lag, wohl in Erinnerung meiner niemals geäußerten Kritik an seinem verfehlten Robben-Schuß, eine Spur von Genugtuung, als er hinzufügte, es bliebe Åsa für Aufnahmen dann die Zeit zwischen der Sekunde, in welcher der Bär uns wahrgenommen habe, und dem Schuß aus seiner, Alfs, Flinte. Ob es denn so sicher sei, daß der Bär uns angreifen würde? Haakon und Alf wechselten einen Blick; Haakon erklärte mir dann geduldig, wie Eisbären eine besonders unangenehme Methode des Tötens hätten; sie bissen ihre Opfer nicht sogleich tot, sondern zerfetzten sie erst einmal mit ihren Vorderbranten, rissen ihnen das Fleisch mit ihren scharfen Krallen herunter. Er hatte dergleichen nicht selbst erlebt, aber er kannte ja alle Pelzjäger von Spitzbergen; es sind übrigens nicht mehr viele. Und es wäre uns nie in den Sinn gekommen, irgend etwas zu bezweifeln, das Haakon sagte: die wenigen Wörter und Sätze, die seine Stimme bildeten, klangen niemals autoritär, doch immer authentisch. Auch das Wort *Raubtier* war, auf den Eisbären angewendet, also ein authentisches Wort. Es würde möglich sein, Porträts von ihm zu machen, aber nur um den Preis seiner Tötung. Das Bild als Mord. Das kam nicht in Frage. Dem meisterhaften schwedischen Tierfotografen Sven Gillsäter ist dies einmal widerfahren; er hatte partout einen Eisbären en face fotografieren wollen, und seine Gefährten hatten das Tier töten müssen, als es ihn angriff. *Nie habe ich mehr Scham empfunden,* schreibt er, *als in dieser Stunde, selten bin ich trauriger gewesen. Wir hatten in Notwehr gehandelt, aber auch in Panik. Wir hatten unsere Eitelkeit als Fotografen dem Hunger des Bären gegenübergestellt, wir hatten die Überlegenheit, die uns das Gewehr schenkte, ausgenutzt, um einige Nahbilder zu stehlen.* (Sven Gillsäter, Welle um Welle, Zürich, 1964, S. 82.) Wir ließen den Bären ziehen; andere Exemplare seiner Gattung tauchten auf. Hat der Rückgang der Jagd, haben die Verbote, mit denen sie belegt wurde, diese Tiere vor dem Aussterben gerettet? Noch vor weniger als hundert Jahren gab es so viele von ihnen, daß sie für Nansen und andere nicht ein Problem der Jagd, sondern des Kampfes darstellten. Dann schwanden sie dahin. Wir erörterten die Frage, was geschähe, wenn die Jagd auf sie gänzlich eingestellt würde. Die Jagd auf sie und die Flossenfüßler. Würde sich das arktische Tierreich neu bilden? Kein Reservat, kein Schutzgebiet, sondern ein ganzer Weltteil der Tiere, im Verhältnis zu dem sich der Mensch des Gedankens der Ausbeutung entschlüge? Utopien an jener Grenze, die noch immer eine ist. Wir unterbrachen unsere Gespräche, als wir gewahr wurden, daß sich neben dem Schiff plötzlich eine Bärin mit zwei Jungen befand. Diese Bärin haben wir einen Nachmittag lang verfolgt. Die Jagd wurde ein Kreisspiel in der See südöstlich der Parry-Insel, denn die Bärin ging weder aufs Packeis, noch entschwand sie nach Süden. Offenbar suchte sie nach dichten Schollengebieten, in der Hoffnung, wir könnten ihr dorthin nicht folgen. Ihre Jungen waren keine kleinen Pelzkinder mehr, sondern schon kräftige halbwüchsige Jungen, Bärenstrolche. Eisbärenkinder bleiben bis zum Alter von zwei Jahren bei der Mutter. Manchmal hatte der kleinere von ihnen Mühe, auf eine Scholle zu kommen; er zog sich hoch, plumpste zurück, doch beim zweiten

Anlauf gelang es ihm. Dann blieb die Mutter stehen und blickte zurück. Jedesmal, wenn wir die Tiere eine halbe Stunde lang vor uns hergetrieben hatten, stoppte Haakon die Maschine. »Wir wollen sie nicht zu sehr ermüden«, sagte er. Wir warteten; die Mutter saß jetzt in der Ferne auf dem Eis und leckte ihre Jungen. Nach einer Weile pirschten wir uns wieder an sie heran, sahen ihnen zu, wie sie in Kiellinie neben dem Schiff her schwammen, die Bärin voraus. Das Meer, in dem sie schwammen, gelbweiß, mit schieferschwarzen Schnauzen, war graublau oder golden in einem riesigen Rundhorizont aus Treibeis und Inseln. Noch immer dreht sich für mich die Welt um die Sieben Inseln in einem großen Bären-Karussell.

17

In meinem Bordtagebuch steht, daß es Mitternacht war, als Alf vom Mastkorb aus den *Odobenus rosmarus* meldete, die große Trophäe. Die Zeitangabe muß wohl stimmen, denn ich erinnere mich, daß ein rötliches Licht herrschte, als ich an Deck kam. Ich hatte mich in den Schiffsbauch, in den Salon der ›Havella‹ zurückgezogen, weil er der einzige Raum in dieser Welt war, in dem Dunkelheit herrschte. Weil ich auf einmal Finsternis um mich brauchte, hatte ich die Lampe nicht angezündet; ich fand die Flasche auch im Dunkeln, tastete nach einem Stuhl, trank Schnaps in kleinen Schlucken und war schon so weit gekommen, daß ich ein paarmal das Wort *Odobenus rosmarus* vor mich hin flüsterte, nachdem ein Schatten, von dem ich vermutete, daß er den blassen Koch Aage darstellte, im Zwielicht des Niedergangs vom Deckshaus erschienen war und in einem Laut, in dem sich ein Flüstern und ein Schrei mischten, das Wort *Hvalros* ausgestoßen hatte. Denn natürlich hatte Alf das norwegische Volkstier ausgesungen, nicht das Tier der Humanisten. Doch verhalf mir die lateinische Litanei schließlich dazu, von meinem Sitz hochzukommen; seufzend stand ich auf und zog meine gefütterte Jacke wieder an. Wenigstens war das Licht über der Welt jetzt sanft und rötlich geworden, kam von einem glosenden roten Wandschirm im Norden. Das Walroß war ein unwahrscheinlicher Glücksfall für Amateure wie uns, die wir uns zum erstenmal in der Arktis aufhielten. Selbst Ragnar Lundquist, der nun schon zwanzig Jahre in die Arktis fährt, hat nur dreimal Walrosse zu Gesicht bekommen. Parry und Nansen hingegen haben noch inmitten von großen Walroß-Herden gelebt. Niemals habe ich die ›Havella‹ sich lautloser einem Ziel nähern sehen. Sie schlich durch die Nacht wie ein Geist. (Wenn ein Schiff nicht einen gewöhnlichen, sondern einen elektrisch angetriebenen Dieselmotor besitzt, so kann es sich in einen Geist verwandeln.) Das Walroß lag auf einer Scholle vor Nelson's Hat und ließ uns ruhig näherkommen, obwohl es nicht schlief. Es war ein ungeheures Vieh mit gelben Stoßzähnen. Es war das Ur-Vieh. Zugleich war es der Ur-Mensch. Wie ein Mensch hob es, als es uns erblickte, eine Flosse über die Augen, um uns besser betrachten zu können. In dieser gelassenen Gebärde lag etwas unendlich Überlegenes. Als das Walroß uns lange genug betrachtet hatte, raffte es sich zu dem Entschluß auf, in uns eine Störung zu sehen. Wir waren eine Belästigung! Wir störten eine Philosophie! Wir unterbrachen Sätze, die zu Ende gedacht werden wollten, Sätze vom Sein! Ja, wir mißachteten die Klausur des größten aller Seins-Denker! Wir benahmen uns unmöglich! Langsam, widerwillig, verärgert wälzte sich der Fleisch- und Lederberg, das ontologische Tier, aus seiner Schneewasserpfütze hinweg, glitt ins Wasser, ohne einen Spritzer zu verursachen, und entschwand im Meer mit der Schnelligkeit und dem Rauschen eines Pfeils.

Ich ging wieder in meine Dunkelheit hinab, trank wieder Schnaps in kleinen Schlucken. Indessen weidete das Walroß einen Inselrand ab, fraß Muscheln, Sandwürmer, Krebse, schluckte aber – wenn Richard Gerlach recht hat, und er hat recht! – die Schalen nicht mit, sondern schlürfte nur das Weiche. Was für ein sanftes Tier, dachte ich. Es jagt nicht einmal Fische. Es delektiert sich an Mollusken. Was für ein sanftes, hochmütiges Tier! Ein Ungeheuer mit der Seele eines Dandys. Es ist dazu verurteilt auszusterben. In der Finsternis hob ich die Flasche auf das Wohl der Walrosse.

18

In dieser Nacht blieben nur noch Åsa und Haakon auf. Eine Weile lenkte Åsa das Schiff durch ein goldenes Meer nach Osten, doch als sie die seltsamen Vögel erblickte, übergab sie Haakon das Ruder und ging aufs Deck hinaus. Die Vögel flogen in Gruppen zu sechs oder acht Stück. Sie schienen von den Inseln zu kommen. Die kleinen Schwärme näherten sich in kurzen steilen Schwüngen, und wenn sie das Schiff erreicht hatten, so blickten sie im Fluge Åsa an. Alle hatten ihre Köpfe auf Åsa gerichtet. Ihre Köpfe waren so fremd wie Idole, die Åsa erschrecken sollten. Sie bestanden aus einer schwarzen Haube über einer weißen rhombischen Maske. In die Maske waren die runden Augen eingelassen, von denen längliche Falten wie Messerschnitte nach hinten verliefen. Aus den Gesichtern ragten ihre großen dreieckigen Schnäbel, deren Horn grell geschminkt war: rot, blau und gelb. Dies sind keine Vögel, dachte Åsa, es sind flatternde Masken. Sie schienen überhaupt nur aus Köpfen zu bestehen, und alle diese Köpfe sahen die Frau auf dem Schiff an, grell und unverwandt. Die Geister der

Inseln zeigten sich Åsa als Mummenschanz. Gefiederte Larven; ihr Starren war schwer zu ertragen. Doch als sie von Åsa abließen, als sie sich wieder gegen die Inseln warfen, die in der Nacht wie große Moospolster träumten, wurden sie zu Juwelen, zu matt geschliffenen Steinen aus Blau und Rot und Gelb, die in das goldene Meer fielen und in seinen Schatten verschwanden wie Kleinode in den Falten von Seide. Erst nachdem sie verschwunden waren, hörte Åsa das Geräusch des Eises. Es war nicht das Geräusch, das die ›Havella‹ machte, wenn sie sich an Treibeisschollen rieb, und das Åsa vertraut war. Die ›Havella‹ fuhr noch immer durch beinahe eisfreies Meer. Aber voraus sah Åsa eine Eisfront, die sich über den ganzen östlichen Horizont zog, und zum erstenmal war das Eis nicht stumm, sondern entsandte ein mächtiges Schurren. Es klang wie ein an- und abschwellendes sch-sch-sch, es wurde schnell immer lauter, es lag auf einmal nicht mehr nur vorn im Osten, sondern rund um das Schiff. Sch-sch-sch ... drohend stießen die zusammengebissenen Zähne des Eises den Reibelaut aus. Åsa wunderte sich, daß Haakon die ›Havella‹ so schnell an das Treibeisfeld herangebracht hatte, aber dann sah sie, daß das Eis ihnen entgegengekommen war, das ganze dichte Feld lief mit großer Geschwindigkeit an der ›Havella‹ vorbei nach Westen. Mit ihm zusammen kam der Tau-Fall. Åsa spürte auf einmal, daß ihr Gesicht feucht war, und dann sah sie, wie das Wasser an ihrer Jacke herunterlief, nein, es lief nicht eigentlich, sondern es gerann nur zu einer Schicht, die sogleich zu Eis erstarrte. Das Thermometer mußte ganz plötzlich um mehrere Grade gefallen sein, und Åsa nahm wahr, wie sie unter dem noch immer blauen Himmel der arktischen Nacht zu Glas wurde. Sie fror nicht. Sie hielt sich jenseits des Gefühls auf, das man Kälte nennt. Jetzt bekomme ich erst einmal eine Haut aus Glas, dachte sie, und später werde ich vielleicht ein Kristall. Nein, das geht nicht, überlegte sie, bei Glasfluß bilden sich keine Kristalle. Entzückt betrachtete sie den Großmast und seine Takelung, der sich gleich ihr, mit Eis überzogen hatte. Die Gegenstände wurden zu reinen Formen. Metamorphose. Überzogen sein von einem Netz aus hexagonalen Symmetrien. Oder vielleicht nur von einer amorphen Masse, die durch Erstarrung einer Schmelze entsteht. Gläsern stehen, auf einem Schiff aus Glas, dachte Åsa. Niemals verwesen. Höchstens zerbrechen, wie Reisig. Oder wie Eis.

19

Als alles vorbei war, fand Haakon endlich Zeit, sich Vorwürfe zu machen. Er saß auf seiner Koje, rieb sein steifes Bein mit Franzbranntwein ein und ärgerte sich. Welcher Teufel hatte ihn in dieser Nacht geritten, auszuprobieren, ob es möglich war, nach Osten weiterzukommen, um das Nordostland herum? Himmel, Arsch und Zwirn, er mußte verrückt gewesen sein! Es geschah ihm recht, daß sein Bein zu schmerzen angefangen hatte; das Rheuma war nur ein geringer Denkzettel dafür, daß er das Schiff gefährdet hatte. Dennoch: er erinnerte sich genau daran, wie unmöglich es ihm gewesen war, dem Wunsch zu widerstehen, einmal, ein einziges Mal nach so vielen Jahren der Zurückhaltung, des genauen Handwerks wieder etwas zu riskieren. Er, der dafür bekannt war, daß er niemals etwas riskierte! Schon während des Bären-Treibens hatte er immer wieder das Meer im Osten mit dem Fernglas abgesucht: es war so gut wie eisfrei, nur sehr fern schimmerte eine Eiskante, von der sich nicht ausmachen ließ, ob sie bis zur Küste reichte. Natürlich hatte er sich gesagt, daß, falls ein Streifen Wasser zwischen der Küste und dem Eis noch frei war, es ziemlich gewagt sein würde, in diesen Kanal einzufahren, denn wenn er sich hinter ihnen schloß und wenn er auch nach vorwärts irgendwo blokkiert war – zwischen den Rep-Inseln etwa oder beim Kap Bruun –, saß die ›Havella‹ fest. Haakon war es niemals gelungen, Nordostland zu umrunden; von Süden her war er nicht über Isispynten hinausgekommen, von Norden her hatte er sich einmal bis zur Broch-Insel vortasten können, und eigentlich war er sich klar darüber, daß so spät im Jahr die Circumnavigation des Nordostlandes ein Ding der Unmöglichkeit war. Trotzdem hatte er, als alle schliefen – nur diese Frau war aufgeblieben –, die Maschine in Gang gesetzt. Sie hatte leise und gleichmäßig gearbeitet wie immer, und das Meer war golden und seidenglatt gewesen. Ich habe mich doch niemals von diesem Meer täuschen lassen, dachte er erbittert, während er versuchte, sich Rechenschaft darüber zu geben, warum er ausgerechnet in dieser Nacht ein Risiko eingegangen war. Ob ich mich von dem Glück habe verführen lassen, dachte er einmal flüchtig, das diese Amateure hier oben haben? Aber er wies diesen Gedanken sogleich wieder von sich. Die erste halbe Stunde lang hatte er die Frau ans Ruder gelassen, nachdem er ihr den Kurs gewiesen hatte; er hatte schon bei früheren Gelegenheiten festgestellt, daß sie einen Kurs exakt einhalten konnte; sie war ein guter Rudergänger. Er nahm Verbindung mit Kap Linné und dem Schiff des Polar-Instituts auf, das sich westlich der Edge-Insel befand, teilte Position und Kurs mit; in die Unterhaltungen über das Wetter, in die üblichen Witze hinein fielen die wie beiseite gesprochenen Warnungen der Funker; Haakon überhörte sie nicht. Er übernahm das Ruder. Die Frau ging hinaus, und er sah sie draußen stehen, wie sie regungslos auf die Papageientaucher starrte, die sich, wie üblich, in kleinen Banden um die ›Havella‹ rotteten. Das plötzliche Verschwinden des *Lundefugl* nahm Haakon als das erste

Zeichen der Gefahr, aber er sah nicht voraus, wie schnell er in das Treibeis geraten und von welcher Beschaffenheit es sein würde. Er hätte natürlich Alf auf Deck stellen müssen, der das Geräusch des Eises gehört hätte, das Haakon nicht vernehmen konnte, weil im Deckshaus das Geräusch aus dem Maschinenraum alle anderen Laute übertönte. So hörte er es erst, als er sich schon inmitten dieses Zischens befand, dieses wilden Seufzens. Sogleich bemerkte er, daß das Eis lief. Es lief! Unaufhaltsam, sehr schnell und seufzend lief das Eis an dem Schiff vorbei nach Westen. Und was für ein Eis es war! Es bestand aus schweren, tief reichenden, eng nebeneinander liegenden Schollen. Ein winziges Schiff war in eine treibende Packeismasse geraten, die vor einer Ost-Bö lief. Einem solchen Eis war die ›Havella‹ auf die Dauer nicht gewachsen. Sie kam schon jetzt gegen den Druck dieses gefrorenen Ozeans, der in Bewegung war, nur noch langsam vorwärts. Haakon sah, wie die Masten, das Schanzwerk und das Deck sich mit Eis überzogen. Gerade noch rechtzeitig schaltete er die Scheibenwischer ein; zusammen mit der Heizung hielten sie ihm ein Stück Sicht frei. Er konnte sich jetzt nicht um die Frau kümmern; warum kam sie nicht herein? Wenn sie nicht hereinkam, würde sie dort draußen zur Eissäule gefrieren. Er klopfte an die Scheibe, aber sie hörte ihn wohl nicht, inmitten dieses Rauschens. Haakon mußte sich jetzt vollständig darauf konzentrieren, die ›Havella‹ zu wenden. Es gelang ihm, indem er sie immer wieder zurückstieß, für Momente von dem andrängenden Eis löste. Der Augenblick, in dem sie quer zum Eisstrom lag, war der gefährlichste; Haakon spürte, wie die Schollen das Schiff anhoben, um es zu kippen, aber in der nächsten Sekunde entglitt es ihnen. Der Mann namens Bjarne Aas in Fredrikstad hatte einiges vorausgesehen. Doch hatte Haakon im Grunde weniger Angst vor dem Kentern gehabt als davor, daß unter dem Druck des schweren Eises die Schraube brechen könnte; ohne Schraube wäre die ›Havella‹ hilflos jeder Strömung ausgeliefert gewesen. Darum brachte er die ›Havella‹ auf volle Fahrt, als der kritische Moment vorbei, das Manöver geglückt war; die Schraube durfte keinem Druck des nachdrängenden Eises ausgesetzt werden, deshalb mußte das Schiff vor dem Eis davonlaufen, es überholen. Er konnte die Hände keinen Augenblick vom Steuerrad nehmen, wenn er das Schiff sicher durch die Schollen lavieren wollte; er fühlte die Stöße, unterschied harmlose von gefährlichen, er verwandelte die ›Havella‹ in ein lebendes Wesen, das imstande war, die Natur der Stöße, die sie erhielt, vorauszuahnen, so daß sie nach Backbord oder Steuerbord schon auswich, wenn kaum die allererste Schwingung eines möglichen Unheils sie berührte. Er arbeitete eine Stunde lang hart, bis er die ›Havella‹ frei bekam. Irgendwann einmal während dieser Stunde war die Frau hereingekommen, eine Art von weißem Gespenst, das aber doch noch so lebendig war, daß es die Rumflasche ergreifen konnte, die er sogleich aus einem Schrankfach holte. Nach zwei Schlucken wurde sie wenigstens wieder eine Gespenstin, die übrigens sogleich in die Unterwelt entschwand. Verrückte Touristen! Von Zeit zu Zeit trat Haakon ans Achterfenster und beobachtete den Stand des Treibeishorizontes, dem er entkommen war. Der jagte die ›Havella‹ noch eine weitere Stunde vor sich her, aber eine Meile östlich der Parry-Insel blieb er plötzlich liegen, bewegte sich nicht mehr. In einem großen Bogen schwang er sich von der Martens-Insel nach Südosten. Danach erst hatte Haakon Zeit gefunden, sich zu ärgern. Er ärgerte sich gründlich, während er die ›Havella‹ in die Bucht an der Westseite der Parry-Insel schob, und noch als er den Matrosen weckte, den maulfaulen Kerl. Er zeigte ihm das Eisfeld im Osten und sagte ihm, er solle ihn wecken, wenn es sich auch nur ein bißchen bewegte. Der

Kerl hatte nicht einmal genickt. Er stammte aus Vardö; die aus Vardö waren so. Ein stures, ärgerliches Volk, dachte Haakon, während er sein schmerzendes Bein mit Franzbranntwein einrieb. Sein Bein war steif, weil er es einmal zwischen eine Eisscholle und den Leib der ›Havella‹ gebracht hatte, vor vielen Jahren. Die Ärzte in Tromsö hatten sein Kniegelenk nur noch versteifen können, als er endlich in ihre Hände gekommen war. Die Eisscholle war von der gleichen hundsgemeinen Art gewesen wie die Dinger, in die er heute geraten war. Es geschah ihm recht, daß das Rheuma ihn daran erinnerte. Er hatte das Schiff aufs Spiel gesetzt, sein Schiff, den schönsten Dieselkutter, den es in der ganzen Eismeerfahrt gab! Warum nur war er dieses Wagnis eingegangen? Haakon kam nicht dahinter. Es wird Zeit, daß ich mit der Arktisfahrt Schluß mache, dachte er. Er nahm sich jedes Jahr vor, aufzuhören, aber dieses Mal dachte er eigensinniger als sonst: Ja, ich höre auf. Alf ist jetzt so weit, daß er die ›Havella‹ übernehmen kann. Dann sehe ich endlich wieder einmal etwas anderes als Schnee und Eis. In einem jähen Anfall von Selbstbedauern stellte er sich vor, wie er auch in diesem Jahr – und nur, wenn er Glück hatte – gerade noch ein paar schöne Herbsttage in Nord-Norwegen mitbekommen würde. Dann würde er mit seiner Frau in seine Hütte im Skibotn-Tal gehen und Moorhühner jagen, ehe der erste Schnee fiel. Dort würde es Bäume geben, hohe Fichten, zwischen denen es dunkel war. Dunkel. Und im nächsten Jahr würde er irgendeinen Küstenfahrer übernehmen. Ehe er einschlief, dachte er an so sanfte, südliche Häfen wie Tromsö, Hammerfest oder Honningsvåg.

20

Weiß dämmert die ›Havella‹ über dem weißen Feld zu Füßen des schwarzen Bergs der Parry-Insel. Haakon hat sie mit dem Eisanker daran festgemacht. Nur ihre hohen Masten bewegen sich unmerklich. Der Matrose, der niemals spricht, hat die Wache. Er sitzt im Steuerhaus und hat die Beine von sich gestreckt. Die Mütze hängt ihm über die Augen. Zwischen der Tafel-Insel und dem Eis liegt ein Nebelfeld; darüber steht der Berg nun als reines Trapez, basislos, eine schwarze Fahne. Die Treibeisfront, vor der Haakon floh, ist südlich der Sieben Inseln stehengeblieben. Im Süden, nur eine halbe Meile weit weg, auf einem im Meer ruhenden Schneehügel, sitzt, mit aufgerichtetem Oberkörper, die Bärin, ihre schlafenden Kinder im Schoß. Neben dem Schiff glimmt die Grenze. Ihre Schmelzkante, unter dem Wasser, leuchtet blaugrün. Die Farben der Welt sind blau, schwarz, weiß, golden. Die Welt ist aus Email, aus einer Glasmasse, die über Metall fließt. Nur gegen den Pol zu ist der Horizont dunkel. Einmal hebt eine Kugelrobbe ihren kleinen schwarzen glänzenden Kopf aus dem Wasser, taucht dann wieder weg. Ein winziges Plätschern. Lautlosigkeit. Nichts als hin und wieder ein sprödes Klingen, ein Klimpern. Das Eis klingelt. Luftbläschen im Eis platzen auf, wenn es schmilzt. Eine Eis-Zimbel. Oder: jemand rührt ganz vorsichtig an die hohen Register einer Celesta, und die Himmlische klingt. Man kann sie nur hören, wenn es ganz still ist. Es ist ganz still. Achtzig Grad fünfundvierzig Strich nördlicher Breite.

Das Tal des Jägers

I

Melancholie an der Branntweinbucht. Die Bucht ist zugefroren, und wir haben am Rand des Eises festgemacht. Die Sieben Inseln sind nicht mehr zu sehen; sie sind hinter dem Kap Rubin verschwunden. Åsa ist nicht in der Stimmung, Aufnahmen zu machen, nicht einmal, als der große Bär endlich bis ans Schiff kommt, nachdem wir Stunden auf ihn gewartet haben. »Er ist fett«, sagt sie angewidert, »einfach fett!« Der Bär zerrt lustlos an den Robbenschwarten, die Alf für ihn ausgelegt hat. Alf hat den Bären gesichtet, wie er tief im Inneren der Bucht auf dem Eis lag und schlief; er hat zuerst in einem Eimer Robbenspeck angezündet, der Rauch zog über das Eis, dann hat er die Schwarten ausgelegt. Aber der Bär will sie gar nicht. Er zerrt nur ein bißchen an ihnen herum. Wir stehen auf dem Schiff, ein paar Meter von ihm entfernt, und sehen ihm zu. Wir verstehen jetzt, was Mr. Shaffer aus Wisconsin meinte, als er sagte, es sei keine Jagd. Um den Bären stehen zwölf Bürgermeister-Möwen, die Geier der Arktis. Sie sind die größten Seevögel der nördlichen Erdhälfte. Der Bär ist wirklich sehr fett, man kann das sehen, als er abschiebt; sein Hinterteil ist gewaltig. Er trottet in Richtung der Botnia-Halbinsel davon, wie ein dickes altes Pony. »Da«, sage ich zu Åsa, »genau da, wo er jetzt geht, ist Amundsen notgelandet.« Und um sie aufzuheitern, erzähle ich ihr die Geschichte von Amundsens Versuch, mit zwei Dornier-Wal-Flugbooten den Nordpol zu überfliegen, 1925, wie sie am 88. Breitengrad wegen eines Schadens an der einen Maschine mitten im Preßeis landen mußten und wie sie es fertigbrachten, in 25 Tagen eine Startbahn zu bauen, mit deren Hilfe sie – sechs Männer in einem Flugzeug, das andere mußten sie zurücklassen – der gefährlichsten Wüste der Welt entrannen. Sie kamen nur noch bis vor die Küste des Nordostlandes, dann fuhr sich die Steuerleitung fest, und sie mußten aufs Wasser herunter, retteten den Dornier-Wal jedoch in die Branntweinbucht. *Die Landungsverhältnisse in der Bucht, in die wir geraten waren, waren nicht die besten. Wir hatten indessen am Landeise einen abfallenden Rand, an dem wir hinaufklettern konnten. Der Wind hatte sich jetzt ganz gelegt, und die Sonne brannte auf die großen Steine, mit denen der Strand bedeckt war. Hier und da lag frisches Moos zwischen den Steinen, und das Wasser rieselte murmelnd von den Felsvorsprüngen. Ein paar dünne Vogelstimmchen paßten trefflich in dies schöne Abendbild. Uns wurde geradezu andächtig zumute. Eine Kirche brauchten wir nicht aufzusuchen, um Gott, dem Allmächtigen, unsern heißesten Dank zu sagen. Wir brauchten nur seine herrliche Natur, um ihn anzubeten. Das Meer lag blank und still. Hier und da ragten feststehende Eismassen daraus hervor.* Sie hatten weiter Glück und sichteten sogleich einen Fischkutter, der sie aufnahm und nach Ny-Aalesund brachte (das damals Kingsbay hieß). Es gab zu jener Zeit noch Fischkutter an der Nordküste von Spitzbergen. Amundsen war damals dreiundfünfzig Jahre alt. Er hatte vierzehn Jahre zuvor als erster den Südpol erreicht. Ein Jahr nach seinem Abenteuer zwischen dem 88. Breitengrad und der Branntweinbucht überflog er mit Nobile in dem Luftschiff ›Norge‹ den Nordpol. 1928 kehrte er von einem Suchflug nach Nobile nicht mehr zurück. Für ihn gab es kein Problem der Technik und der Grenze. Wenn die Technik dazu taugte, die Grenze zu überschreiten, so mußte sie dazu benutzt werden. Er muß ein von dem um zehn Jahre älteren Nansen völlig verschiedener Mann gewesen sein. Nansens Augen waren tiefliegend, freundlich, ernst, über seinem Gesicht lag der Ausdruck intensiver Offenheit; Amundsens Blick hingegen war kühl, fast kalt, die großen Flächen seines Gesichts verschlossen den Mann wie Eisen. Nansen war einer der letzten großen Humanisten aus dem 19. Jahrhundert. Amundsen gehört schon zur Generation der Byrd und Papanin. (Seine konventionelle Religiosität mit den Obertönen monistischer Naturanbetung, dieses *geradezu andächtig* wäre bei Nansen unvorstellbar.) Dann gibt es noch diesen unglücklichen Außenseiter unter den Polarforschern, eine Hamlet-Natur: Scott. Oder den liberalen Flüchtling aus dem politischen Nihilismus ins Eis: Nobile. Während die ›Havella‹ schon weiter tuckert, nach Südwesten, entwerfe ich für Åsa diese – reichlich gewagte – Typologie der Polarforschung. Plötzlich höre ich sie sagen: »Wir hätten den Berg auf der Parry-Insel besteigen sollen!« Sie hat also gar nicht zugehört. Sie ist mit ihren Gedanken noch immer auf den Sieben Inseln. Die Vorstellung, daß wir die Welt des hohen Eismeers verlassen, daß uns jetzt nichts mehr übrigbleibt, als an den Küsten entlang nach Süden zu streunen, ist ihr unerträglich. Sie wird manchmal ihre Nostalgie vergessen: im Van Mijenfjord etwa, auf der Axel-Insel oder im Tal des Jägers. Aber jetzt ist da nur dieses Gefühl eines Verlustes. Der Himmel ist grau, wie er immer ist über der Hinloopenstraße, grau und niedrig. Der endlose Valhall-Gletscher ist aus der Ferne flach, in der Nähe eine riesenhafte Wand. Wenn wir uns von seinem Anblick abwenden, so können wir das Inlandeis von Nordostland nur ahnen. Über das Wasser streicht ein Flug Lummen, zehn oder zwölf schwarze Vögel hintereinander, eine dunkle Notenschrift. Hat Haakon vorgehabt, die Hinloopenstraße nach Süden zu durchlaufen, uns auf diese Weise an die Ostküste Spitzbergens zu bringen? Aber er betrachtet die Eisberge, die im kältesten Südwind der Welt auf der breiten Meeresstraße nach Norden treiben. Dies sind wirkliche Eisberge, wie wir sie noch nie gesehen haben, Abbrüche vom großen ›Schelfeis‹ des Nordostlandes. Der Valhall-Gletscher donnert fast ununterbrochen. Haakon mag das alles nicht; er wendet das Schiff nach Norden, um Verlegenhuken herum. Er unterhält sich wieder einmal mit den Funkern von Kap Linné und Hopen Island. Beim Kap Weyprecht, erzählt er, sei ein Robbenschläger vom Eis eingeschlossen.

2

Später, zu Hause, haben wir versucht, uns aus Wörtern und Bildern das Strukturmodell eines arktischen Kleinkontinents zu bauen. (So klein ist er übrigens nicht; ein Leben würde nicht ausreichen, ihn zu erfahren.) Es ist kein richtiges Modell daraus geworden, nichts Dreidimensionales, nur eine Skizze auf Papier. Vielleicht macht jemand eine Maquette daraus, wie die Bildhauer sie anfertigen, ehe sie die Skulptur ausführen.

Unbewegliche Zeichen

Fehlen des Holzes, also keine Wurzeln, Baumrinden, Astformen, Kronenbildungen, Querschnitte von Jahresringen. Stein als einziges Material für unbewegliche Zeichen: entweder als Petrefakt oder als geologische Großform. Ver-Steinerungen von: Blättern der Sequoia, des Ginkgo, der Kastanie, der Weinrebe, der Eiche, Gehirn, Ohren, Augen, Nerven, elektrische Organe des Urfisches Kiaeraspis, Schalen des Panzer-Urfisches Anglaspis, ferner Lamellibranchiaten, Brachiopoden, Crustaceen, Gastropoden, Bryozoen, Crinoiden, Anthozoen, Korallen, Spongien. Die Leitfossilien bilden ein Zeichensystem, das nur annähernd mit Wörtern wie Sterne, Haare, Fühler, Schuppen, Muscheln, Schwamm-Höhlungen, Schilder, Windungen, Wirbel, Spiralen wiedergegeben werden kann. (Rein funktionellen Ursprungs, liefern sie heute, jenseits der Geologie, ästhetische Informationen, die jedoch sprachlich noch nicht ›übersetzt‹ werden können, außer in der Dichtung.)

Groß-Formen:

1. Der gewellte ›rollende‹ Teppich aus senkrecht stehenden unterpermischen Kieselgesteinen, der sich über die gesamte Oberfläche der Axel-Insel breitet. Die Sedimente (Sandsteine, Schiefer, Kalk) liegen hier ›umgekippt‹, also aufrecht stehend, in Serien, Reihungen. Der Gesamteindruck ist der eines rötlich-dunklen Ackers, der von Riesen gepflügt wurde. Schnittstellen und Brüche stellen Tafeln und – besonders im Sandstein – Monumente heraus.

2. Die in der Nordwand des Berges Midterhuken am Maria-Sund auftretenden M-förmigen Zeichen ›gestörter Trias‹ (Frebold).

3. Die sedimentären Tafelberge des Eisfjords; die berühmtesten unter ihnen sind der Kolosseum-Berg im Ekmanfjord und der Templet in der Sassenbai. Die Schichtenfolge des Templet (von unten nach oben): Prädowntonian – gelber, z. T. konglomeratartiger Sandstein – Schiefer-Kohlenhorizont – gelbe und helle lose Sandsteine – rote und grüne Sandsteine – Gips – Cyathophyllumkalk. Dieses System horizontaler Bänder füllt als mächtige Fahne die Nordseite der Sassenbai, welche den Eisfjord abschließt.

4. Eine überall vorkommende Groß-Form sind die Berge mit ›Eisbaumformen‹. Sie tritt auf, wenn Eis von Hochplateaus in die Rinnen steiler Wände einfließt. Oben breit aufgefächert, verjüngt sich der Eisstrom bis zum Fuß des Berges und bildet

so eine Baum- oder Pflanzenform. Solche Eis-Bildungen sowie die Flechten sind die einzigen unbeweglichen Zeichen nicht-mineralischen Ursprungs. Aber diese wie jene kommen doch immer nur in Verbindung mit Steinen vor, sind steinbedingt.

Bewegliche Zeichen

1. Vogelflüge. Der flach gleitende, reglose Segelflug des Eissturmvogels. Der parabolische Flug der Möwen. Das sternhafte Hängen der Schwalbenmöwe im Raum. Ein Möwenpulk, der auffliegt, weil der Gletscher sich geregt hat. Dreißig Schmarotzer-Raubmöwen haben auf einer Eisscholle gesessen; jetzt bilden sie ein schwarzweißes Bukett in der Luft. Der schwirrende, fierende Flug der Alken und Lummen, der Teiste und Taucher.
2. Die unsichtbare Bewegung des Windes, abzulesen jedoch an Wolken, Treibeis, Blumen, Rauch.
3. Die absolute Bewegung des Meeres.
4. Tier-Zeichen: Die Keilform eines wandernden Eisbären. Der leichte Paßgang zweier Ren-Hirsche unter pelzigen Geweihen. Die Schneefüchse streunen huschend. Robben gleiten in einer S-Kurve vom Eis in die See.

Beweglich-unbewegliche Zeichen

1. Gletscher. Beispielsweise der Valhallfonna, Teil des Inlandeises von Ny-Friesland, der als geschlossene, fünfzehn Seemeilen lange Mauer in die Hinloopenstraße abbricht. Seine Starre ist nur scheinbar; in Wirklichkeit explodiert er in jeder Minute, sendet Pulverwolken von Schneestaub aus. Außerdem fliegen in seinen großen Spaltenhöhlen die Vögel ein und aus.

2. Die Grenze. Das wichtigste Kennzeichen der Packeisgrenze ist, daß sie sich ständig verändert. Sie ist ein heraklitisches Zeichen.
3. Gras vollführt, der Kreisbewegung der Sonne folgend, eine radiale Figur seiner am Boden ausgestreckten Halme.

Konturen

1. Strandlinien. Muys haven. Die Halbmondbucht der äußeren Sorgbai, vor Croziers Point. Alle Ausformungen der Küsten um den Bellsund, die von harmonischer Reinheit sind. An einem schönen Spätsommertag ruft der Anblick des Bellsundes Erinnerungen an die mittelmeerische Antike hervor, an Bilder Rottmanns. Eine Antike ohne Vegetation.
2. Berglinien. Die statischen Diagramm-Konturen der Granit- und Glimmerschiefer-Berge von Albert-I-Land, aus weißer Gletscher-Basis steil ansteigend, oben sich in Reihen graphischer Spitzen haltend, am eindrucksvollsten in den Hintergründen des Liefdefjords und der Magdalenenbucht. Der von Westen in einer steilen Schräge ansetzende, oben ein Dreieck bildende, nach Osten lotrecht abfallende Umriß des grauen Vogelbergs Sofiekammen im Hornsund – einer der großen Belfriede der Erdgeschichte.

Flächen

1. Senkrechte Flächen (Wände) zwischen den steilen oder flacheren Winkel- oder Trapez-Geraden der Berge oder als Rechteck-Flächen bei Tafelbergen.
2. Geneigte Flächen. Die häufigste Flächenform Spitzbergens ist eine steil oder flach abfallende Erosionshalde.
3. Horizontale Flächen. Gletscher. Manche Vorländer, geolo-

gisch Strandebenen, so die weite Steppe Reinsdierflya zwischen Woodfjord und Raudfjord. Terrassenformen: die Hochflächen des Coloradofjell. Flußebenen sind sehr selten, doch bietet beispielsweise das Mündungsgebiet der Bäche im Sassen-Tal den Anblick einer eiszeitlichen Delta-Ebene. – Wegen des Fehlens von Bäumen und Häusern sind alle Flächen leer, also rein; deshalb bestimmt die reine Fläche stärker als der Umriß die Struktur Spitzbergens (im Gegensatz etwa zu den Alpen).

Körper

1. Berge. Die Bergwelten des Van Mijenfjords und des Hornsunds als Reiche gänzlich verschiedener Körperformen, weicher, fließender (Van Mijenfjord), harter, starrer (Hornsund).
2. Inseln. Die Inseln ruhen immer als Körper auf der Flut oder auf dem Eis. Nicht-klassische, archaisch-moderne Körper von höchster spiritueller Reife: die Dänen-Insel geht zweifellos auf einen Entwurf von Henry Moore zurück. Korrespondenz zu Tierkörpern: Inseln als Robben, Robben als Inseln.

Licht

Vollständige Abwesenheit künstlicher Lichtquellen während des arktischen Tags. Keine Feuer, kein Vulkanismus. Das Licht ist immer Himmelslicht, über dem Eis von unerträglicher Helligkeit. *(Schutzgläser oder Sonnenbrillen müssen während der Tageslichtstunden draußen zu* jeder *Zeit getragen werden – einerlei, ob die Sonne scheint oder ob der Himmel bewölkt ist. An sonnigen Tagen sollten Nase und Wangen zusätzlich mit Ruß bedeckt werden, um das grelle Licht abzuhalten* [E. E. Hedblom, Polar Manual].)

Spezielle Phänomene: von Nordwesten und Norden einfallendes Licht, während der meist windstillen ›Nacht‹ in rötlicher Filterung; die Schatten fallen nach Süden. Eisblink.

Lokalfarben

sind in diesem Buch ausführlich beschrieben. Nachzutragen wäre noch die farbige Erscheinung der Nordküste des Van Mijenfjords. Geologisch handelt es sich dabei um stark verwitterte Berge aus dem Tertiär und dem Jura, die aus hellen und grünlich verschieferten Sandsteinen derart aufgebaut sind, daß sie zwischen altem Ziegelrot, Grünspan und mongolischem Gelb spielen. Bei günstigem Licht ergibt sich der Eindruck einer von Schatten modulierten Topas-Steppe. Eine so große und homogene Fläche dieser Färbung dürfte auf der Erde einzigartig sein. Manche Körper kommen nie dazu, ihre Lokalfarben zu zeigen, sondern ihre Farben sind lichtbedingt; die dunkelblaue Strahlung des sehr schön geformten Berges Hornsundtindene ist ein Licht-Phänomen.

Spuren

1. Treibholzstämme. An den Küsten finden sich große, helle, entrindete Baumstämme, die von den Ufern der sibirischen Ströme mit der Eisdrift hierher getragen wurden.
2. Gräber. Die dichteste Sammlung menschlicher Gräber auf einem Landsporn in der Magdalenenbucht. Kisten aus rohem Holz, geöffnet, darin die Gebeine. Sie waren nicht eingegraben, sondern mit Steinen bedeckt. Der Eindruck ist nicht makaber, sondern sachlich. Das Skelett als Sache, wie ein abgeworfenes Rentiergeweih.
3. Häuser. Die zerstörten Expeditionshäuser in der Sorgbucht.

Das schwarze Haus des Jägers Nøis. Die unzerstörten, nur einfach verlassenen Häuser der Calypso Mining Company aus dem Jahre 1912, am Bellsund. Die Axt steckt noch im Hauklotz. Der Inhalt eines Nägelsacks als verrostete Skulptur auf einem grauen Tisch. Emailbecher am Haken. Teekannen. Die Postkarten mit den Pin-Up-Girls der Belle Epoque an den Wänden. Draußen ein ausgeweidetes Schiff, in dem die Schwalbenmöwen nisten. Die polnische Station am Hornsund, ein schwarzes Quadrat unter Funkmasten, 1958 erbaut, auch sie schon aufgegeben, darin Geräte, Bücher, Zeitschriften. Neben dem Kücheneingang eine Bärenpfote, nackt, gräßlich.
4. Schlitten. Die Nansen-Schlitten des Jägers Nøis.
5. Ein Schiff: die ›Havella‹.

3

Dies ist der Augenblick, in dem der Mensch auftreten sollte, nicht irgendein Mensch natürlich, sondern die Ur-Figur des arktischen Jägers; und sie tritt auf. Haakon Godtlibsen ist außer sich vor Erstaunen, als er, in den Sassenfjord einfahrend, Hilmar Nøis erblickt, wie er aus dem Haus kommt und prüfend nach der ›Havella‹ Ausschau hält. »Mein Gott«, sagte er, »Nøis ist doch vor ein paar Jahren, als er achtzig wurde, nach Hause gegangen, nach Harstad.« (Harstad ist ein Ort auf den Vesterålen-Inseln, nordwestlich von Narvik.) »Ich habe es nicht ausgehalten dort«, erklärt ihm Nøis, als wir an Land gegangen sind, »aber im nächsten Jahr gehe ich bestimmt heim.« Er ist jetzt dreiundachtzig. Er ist groß, doch nicht breit, sondern schlank gebaut. Seine Haupthaare und sein Vollbart sind weiß, mit blonden Fäden darin. Seine blauen Augen liegen versteckt in seinem Gesicht. Norweger sind niemals unterwürfig, doch liegt in der Art, wie Haakon und Alf mit Hilmar Nøis sprechen, ein ernster Respekt; er, Nøis, ist dagegen schlicht freundlich, nichts Autoritäres umgibt ihn, kein Patriarchen-Gehaben. Dieser Mann hat vor und nach dem Ersten Weltkrieg Nansen begleitet, Sverdrup und Amundsen, aber er trennte sich von den Expeditionen, wollte allein sein, frei, ein einzelner Jäger. Nur die Kriege unterbrachen die Kette seiner Überwinterungen; er hat vierzigmal überwintert. Vor dem Zweiten Weltkrieg gab es noch dreißig Winterjäger wie ihn, jetzt sollen es noch zwei oder drei sein. Er steht vor seinem kleinen schwarzen Haus am Rande des Sassen-Tals. Das Sassen-Tal ist ein breites Urstrom-Tal, ganz flach, ockerfarben und dunkelbraun, von einem Geflecht aus Bächen, die hier in den Fjord münden, silbern durchzogen. Gegenüber, auf der anderen Seite des Fjords, zieht sich der berühmte Tafelberg Templet hin, eine aus verschieden gefärbten Strata bestehende Sedimentbank. Hinter dem Haus bauen sich Kieselterrassen in Stufen zum Coloradofjell hinauf. Wir werden eine Wanderung über das Coloradofjell machen. Jetzt betrachten wir erst einmal Hilmar Nøis' Vorratshaus. Darin hängen Schneehühner, Brandgänse und geräucherte Fische. An einem Gestell am Strand sind Robbenhäute ausgespannt, liegt auch Robbenfleisch. Es gibt ferner einen Stapel Rentierfelle sowie einen alten Hundestall (doch keine Hunde), zwei Nansen-Schlitten, ein Boot. Wenn Hilmar Nøis einen Außenbordmotor besitzt, so kann er mit dem Boot in einer kurzen Tagesreise Longyearbyen erreichen. Sehr fern im Westen erblickt man die Gletscher des mittleren Eisfjords. Nøis hat an vielen Punkten in Spitzbergen gewohnt; seit 1937 hat er sein Quartier hier im Sassen-Tal errichtet. Die Gegend ist wildreich, und die weite Ebene bildet einen verhältnismäßig bequemen Übergang zur Ostküste Spitzbergens, dorthin, wo im Winter die Eisbären wechseln, wenn sie das

Meereis verlassen und das Festland aufsuchen. Um die Ecke einer Bergterrasse herum taucht ein Rentier auf. Es will sich dem Haus nähern, zieht sich jedoch zurück, als es uns erblickt. Offenbar ist Nøis nicht nur ein berühmter Jäger, sondern auch ein guter Heger. Weil wir dem Wildren folgen möchten – was uns nicht gelingt –, geraten wir in eine sanfte, beinahe grüne Mulde, durch die ein Bach fließt. Hier finden wir Blumen und Versteinerungen. Der rote Steinbrech sitzt in dichten Polstern den Felsen auf, der Hahnenfuß blüht weiß und gelb auf hohen Stengeln, dem Leimkraut platzen die kleinen, blaßroten Blüten-Ballone oben auf, zu leuchtenden Sternchen. Åsa findet einen Ammoniten. »Merkwürdig«, sage ich mißgünstig, »wo wir uns doch in einem Fischhorizont mit Vertebratenfauna befinden!« Wir verbringen Stunden mit der Suche nach Petrefakten. Als wir aufblicken, befinden wir uns auf einem Hochplateau, einem Tafelland, über dem höhere Berge ragen, die mit Neuschnee bedeckt sind. In der Ferne ist ein Wasserfall zu sehen, auf den wir zugehen; das Wasser fällt frei in einen Abgrund, und wir hören das feine Klingen, mit dem es unten auffällt. Wir können den Wasserfall nicht erreichen, denn wir geraten an den Rand eines Canyons; tief drunten fließt ein Fluß in Windungen blaugrau über lehmgelben Grund in die Ebene hinaus, aus der wir gekommen sind. Das Tal des Nøis-Flusses ist lehmgelb, und das Sassen-Tal draußen ist ockerrot oder dunkelbraun, und die Hochflächen um die Canyons sind grau. Nach Osten stehen Gebirgszüge. Wir nehmen uns vor, den Übergang vom Sassen-Tal zur Agardhbucht an der Ostküste zu machen, wenn wir das nächste Mal nach Spitzbergen kommen. Wir rechnen uns aus, daß dies möglich sein müßte. Dann werden wir auch den Berg auf der Parry-Insel besteigen sowie vom Gipfel des Heclahuken aus das Inlandeis von Ny-Friesland und von Nordostland überblicken. Jetzt entdecken wir auf einem Hang im Norden eine Rentierkuh, die ihr Kalb säugt. Wir steigen den Hang hinauf, aber die Tiere entweichen. Der Wind, der über das Hochland fährt, trägt Schneeflocken mit sich. Ein paarmal tauchen Füchse auf, graue Wesen; sie streunen huschend vorbei. Fast ohne es zu wollen, sind wir bis zum höchsten Punkt des Reimyrefjells hinaufgestiegen. Hier geht es nicht mehr weiter, denn der Berg fällt in einer Steilwand zum Fjord hinab, ein gebänderter Berg wie der gegenüber, der Templet. Ein Vogelberg. In Reihen unter uns die Möwen, die Alken, die Lummen. Unheimlich die großen pludrigen Möwenjungen in ihrem Haarkleid: aufgedunsene Parasiten. Die Vögel werfen sich in die Tiefe hinab, über den grauen, dunklen Fjord. Wir wenden uns ab. Aus dem Coloradofjell, von dem wir aufgestiegen sind, kommen zwei wandernde und äsende Renhirsche mit großen Geweihen entlang eines Schneefelds auf uns zu und so nah, daß wir das Knistern ihrer Fußgelenke über den Hufen hören, ehe sie abziehen, in springenden Fluchten. Der Himmel ist grau an diesem Abend, und merkwürdigerweise ist es wirklich ein Abend, durch den wir das Reimyrefjell hinabsteigen. Wir fühlen, daß es Abend ist, obwohl es nicht dunkel wird. Dort unten in der Tiefe die ›Havella‹ auf dem Wasser, und an Land das Haus des Jägers. Wir treten ein. Es besteht aus zwei Räumen, einer Küche und einem Zimmer mit einem Tisch und einem Bett. In der Küche liegen zwei Brotlaibe und, auf dem Fensterbrett, eine Schachtel mit Patronen. Ein Kalender an der Wand, Bücher; ich schaue nicht nach, welche. Vor den Fenstern hängen Gardinen aus bedrucktem Plastik. Petroleumlampen. Der alte Mann sitzt am Tisch. Er trägt ein blaues Hemd und eine lederne Weste. Haakon und er reden miteinander. Wenn wir und Haakon und Alf gegangen sein werden, wird er wieder allein sein. Ein so alter Mann wie er braucht sicher nur wenig Schlaf. Wenn er aus seinem dünnen

Schlaf fährt, weil er ein Geräusch gehört hat, wird er denken: ein Fuchs. Oder: ein Vogel. Oder: ein Schneesturm. Vierzig Winter. Dann wird er eine Weile mit geöffneten Augen liegen und auf das graue Rechteck an der Wand starren, von dem er weiß, daß es eine Fotografie ist, eine Ansicht von Harstad.

4

Am Nachmittag des 27. August stand eine schieferblaue Wand vor dem Ausgang des Hornsunds über dem offenen Meer, und Haakon sagte, wir müßten sofort aus dem Hornsund raus, sonst würden wir hier vom Eis eingeschlossen. Als wir aus dem Sund herauskamen, sahen wir die breiten Eisfelder, die schon um das ganze Südkap herum lagen. Vom Land her schoben sich Wolken über die Berge, Wolken und Nebel, die kalt aussahen. Das letzte, was wir von Spitzbergen sahen, war ein rötliches Licht über dem Olsokgletscher. Die Barents-See war sofort sehr hart. Haakon und Alf stellten die ›Havella‹ auf automatische Steuerung um. Sie peilten irgendeinen Punkt an der norwegischen Küste an und gaben dem Ruder einen geraden Kurs auf diesen Punkt zu. Danach berührten sie es nicht mehr. Es war seltsam, das Steuerrad zu beobachten, wie es sich drehte, ohne daß jemand es anfaßte. Wir hätten alle schlafen können, und das Schiff hätte uns in einer geraden Linie nach Hause gebracht. Die ›Havella‹ lief drei Tage lang durch immer die gleiche harte See aus kurz aufeinander folgenden und tiefen Wellen. Am Ende des ersten Tags sahen wir in der Ferne die Wände der Bären-Insel, lichtgrau hinter Sprühnebeln. Dann gab es zwei Tage lang nur noch das Meer. Wir verschliefen es schließlich. Am frühen Morgen des vierten Tags wachten wir davon auf, daß alles so still war. Das Schlagen der Wellen gegen die Schiffswand hatte aufgehört, und auch das Geräusch der Maschine war verstummt. Sogleich gingen wir an Deck und sahen, daß die ›Havella‹ an einer Landebrücke festgemacht hatte. An Land standen ein paar Holzhäuser, Proviantmagazine oder ähnliches. Auf einem Schild konnten wir den Namen der Häuser lesen: Nikkeby. Die ›Havella‹ lag in einem schmalen, sehr stillen Sund zwischen zwei Inseln. Menschen erblickten wir keine, doch sahen wir überall Häuser auf den Inseln ringsum. Wir hatten die erste Nacht verschlafen, in der es Nacht geworden war, wenn auch nur für zwei oder drei Stunden. Wir betraten sogleich die Brücke und gingen auf der Straße zwischen den Lagerschuppen. An der Ecke befanden sich eine Poststation und ein Laden. Eine Straße! Ein Laden! Wir sahen durch das Fenster in sein Inneres. Es gab da Mehlsäcke und Sägen und Schnüre. Später, als der Laden aufgemacht hatte, gingen wir noch einmal hin und kauften Ansichtspostkarten und Briefmarken. Haakon vertrödelte noch einen Tag in der Inselflur. Unter den erhabenen Wänden des Lyngenfjörds sahen wir Fischern zu, wie sie Netze voll mächtiger silberner Dorsche heraufholten. Auf der Küstenstraße fuhren die Autos. Um Mitternacht erreichten wir Tromsö.

Nachschrift oder Ästhetische Flaschenpost

Nach Spitzbergen werden Expeditionen mit den verschiedensten Forschungszielen unternommen: geographische (kartographische), topographische, geologische, mineralogische, paläontologische, meteorologische, ozeanographische, hydrographische, botanische, zoologische, gletscherkundliche, astrophysikalische, der Weltraumforschung dienende. Eine ästhetische Expedition hat es noch niemals gegeben. (Unsere kleine Reise mit der ›Havella‹ erhebt selbstverständlich nicht diesen Anspruch.) Ein Zoologe, der sich über die Crustaceen auf dem Prinz-Karl-Vorland zu unterrichten wünscht, wird für sein Vorhaben immer die Unterstützung finden, die er braucht. Es gibt zu diesem Zweck Universitäten, Stiftungen, den Staat. Würde ein Schriftsteller, ein Maler, ein Photograph mit dem Anspruch hervortreten, er wolle die formale Struktur beispielsweise des Sassenfjords und seiner Umgebung sowie die metaphysischen Eigenschaften dieser Struktur exakt untersuchen und bestimmen, so fände er keine Hilfe und nicht eine einzige Institution, die sich für sein Forschungsgebiet als zuständig erklärte. Ästhetik gilt heute als Nebenzweig der Kunstgeschichte oder der Philosophie. Sie beschäftigt sich ausschließlich mit den Formen, die durch den Menschen hervorgebracht wurden. Dementsprechend kann ein Kunsthistoriker sich Jahre hindurch ungestört dem Studium von Landkirchen in Norfolk oder Mosaikfußböden der Kosmaten widmen; seine Tätigkeit wird – mit Recht! – als Beruf anerkannt und honoriert (wenn auch gewiß nicht übermäßig). Hingegen gibt es keine ästhetische Theorie der Natur. Geraten Naturforscher an dieses Problem, so begnügen sie sich, wie jeder Laie, mit der Feststellung, der Gegenstand ihrer Forschung sei »schön«, wie jener Paläontologe in Oslo, der den Abdruck eines Fisches in Triasgestein als das »schönste« Petrefakt Spitzbergens bezeichnete, oder wie ein anderer, ein Ozeanograph, der erklärte, etwas »Schöneres« als den Liefdefjord bei schönem Wetter würde ich nie zu sehen bekommen. Überhaupt ist, wie sich aus der wissenschaftlichen Literatur und aus persönlichen Begegnungen ergibt, die »Schönheit« der Arktis der verschwiegene, ungern berührte Hintergrund der Naturforschung, ihr unbewußtes Faszinosum, wie es sich in dem norwegischen Wort »arktis-bitten« (von der Arktis gebissen) ausdrückt. Ohne weiteres wird vorausgesetzt, daß ein Forscher, der sich dem einen oder anderen Problem der hohen Breitengrade widmet und zu diesem Zweck jeden Sommer und manchen Winter in der Welt des Eises verbringt, dies auch tut, weil er »von der Arktis gebissen« sei. Und es gibt kein naturwissenschaftliches Arbeitsgebiet, von der Medizin bis zur Physik, von der Entomologie bis zur Plasmaforschung, dem nicht neben dem Erkenntnisdrang auch noch ein vages ästhetisches Motiv unterlegt würde. Daß es auf ewig vage bleiben müsse, daß der Untersuchung des sogenannten Schönen im System unserer Natur-Erkenntnis kein Platz zukomme, gehört zu den aprioristischen Annahmen der Wissenschaft. Diese Annahme ist falsch. Das Werk des Weltenbaumeisters – wer immer er auch gewesen sein mag und noch ist, ob ein Gott oder ein vom Nichts ins Nichts führender physikalischer Prozeß – darf in gleicher Weise Gegenstand formaler Betrachtung sein wie ein vom Menschen geschaffenes Kunstwerk. Ein Gebirgszug, der Verlauf einer Küstenlinie, die Gestalt eines Vogels, die Verteilung und Färbung einer Flechte auf einem Felsen sind ebenso das Ergebnis von Form-Prozessen wie die Kathedrale von Chartres oder ein Bild von Cézanne, und diese wie jene lösen die gleichen psychischen wie mythischen Erfahrungen aus. Die Wirkung einer Landschaft oder einer Blume ist die gleiche wie diejenige eines Gedichts oder jener Anordnung von Farben und Formen auf einer Fläche, die wir Bild nennen. Infolgedessen verdient die Frage, warum der Liefdefjord »schön« ist, die gleiche Aufmerksamkeit wie das Problem, das uns eine Fuge von Bach aufgibt. Eine Untersuchung der Tektonik seiner Berge, ihres Verhältnisses zu den sie umgebenden Gletschern, treibendem Eis, Wolken und Vogelflügen würde sicherlich zu einer erdgeschichtlichen Stilkategorie führen mit allem, was zum Begriff des Stils in der Kunst gehört, der für den jeweils lebenden Menschen ja nicht irgendein Antiquarium darstellt, sondern erstens Erinnerung in Erzählung und zweitens Stimmung als über das Erzählte noch hinauswirkende Substanz. Was da erzählt wird und in welche Stimmung es versetzt, hat konkrete Ursachen: die »gotische« Atmosphäre des Liefdefjords hängt damit zusammen, daß große Gletscher hier Berge aus Gneisgranit, wahrscheinlich aus dem Silur, erodiert haben. Der Heclahuken-Berg an der Sorgbucht, der einer ganzen geologischen Formation den Namen gegeben hat, ruft einen völlig anderen Form-Eindruck hervor, für den kein kunstgeschichtlicher Begriff mehr als Metapher zu dienen vermag. Die größten Naturforscher haben sich dem rein Phänomenalen ihrer Gegenstände gegenüber nicht sprachlos verhalten; davon zeugen gewisse Passagen in Linnés ›Iter lapponicum‹, in Alexander von Humboldts ›Ansichten der Natur‹, in Darwins ›Reise eines Naturforschers um die Welt‹. Charles Darwins Beschreibung des Meeresleuchtens bei Fernando Noronha überführt exakte Deskription in reine Form. Weshalb das Meer dort »in Blitzen leuchtet«, wie Darwin schreibt, wird gänzlich aufgeklärt, aber zugleich läßt uns die Sprache fühlen, wie in dem Zerfallsprozeß, den das Leuchten signalisiert, das Meer atmet. Auch vom anderen Ende, von der Dichtung, der Kunst her, sind Versuche unternommen worden, die Natur als Gestalt zu begreifen. Und da gibt es sogar den Glücksfall, daß die Forschung darauf antwortet, wie dies in Carl Friedrich von Weizsäckers Gedanken zu Goethes Naturwissenschaft meisterhaft geschehen ist. Doch genug mit solchen Prolegomena zu einer jeden künftigen Ästhetik der Natur, die sowohl als Wissenschaft wie auch als Kunst wird auftreten können! Wie die Dinge heute liegen, hat derjenige, der Beiträge zu ihr leisten könnte, nur geringe Möglichkeiten, sich nützlich zu machen. Er wird höchstens »mitgenommen« – in Forschungsinstitute, auf Expeditionen, wo er sich im besten Falle gutmütiger Duldung erfreut. Und doch wird – mag sie heute noch als nutzlos-genießerische Betrachtung von Formen erscheinen – morgen eine in Morphologie verwandelte Ästhetik das zentrale Problem der Naturwissenschaft einkreisen: den Nachweis der Existenz von Geist in der Materie. Dagegen steht Hegel, die ›Einleitung in die Ästhetik‹, das Postulat des absoluten Gegensatzes von »Naturschönem« und »Kunstschönem«. »Wir fühlen uns bei der Naturschönheit zu sehr im *Unbestimmten* ohne *Kriterium* zu sein ...« – Dem könnte abgeholfen werden.

Notiz

Der vorliegende Bericht geht aus Erfahrungen hervor, die der Verfasser als Leiter einer Film-Expedition des Deutschen Fernsehens im Jahre 1965 sammeln konnte. Das Ergebnis dieser Expedition ist der Film HAAKONS HOSENTASCHEN von Alfred Andersch und Martin Bosboom, der bisher in Deutschland und der Schweiz gezeigt wurde. Der Verfasser dankt an dieser Stelle allen, die ihn bei seiner Arbeit unterstützt haben, insbesondere dem Norwegischen Polar-Institut, Oslo, und dem Deutschen Fernsehen, Frankfurt/Main, ferner Herrn Odd Berg, Tromsö, Herrn Univ. Prof.-Dr. Hermann Remmert, Erlangen, und Herrn Kurt Meyer, Zürich.

Alfred Andersch

Berzona (Valle Onsernone), im April 1969